教师教育新行动论丛

数学教学心理学

主编　李士锜　吴颖康

华东师范大学出版社
上海

图书在版编目(CIP)数据

数学教学心理学/李士锜,吴颖康主编.—上海:
华东师范大学出版社,2011.4
(新行动论丛)
ISBN 978-7-5617-8571-3

Ⅰ.①数… Ⅱ.①李… ②吴… Ⅲ.①数学教学—教
学心理学—中小学 Ⅳ.①G633.602

中国版本图书馆 CIP 数据核字(2011)第 071960 号

教师教育新行动论丛
数学教学心理学

主　　编　李士锜　吴颖康
策　　划　王　焰
责任编辑　吴海红
审读编辑　徐慧平
责任校对　王　溪
装帧设计　卢晓红

出版发行　华东师范大学出版社
社　　址　上海市中山北路 3663 号　邮编 200062
网　　址　www.ecnupress.com.cn
电　　话　021-60821666　行政传真 021-62572105
客服电话　021-62865537
门市(邮购)电话　021-62869887
地　　址　上海市中山北路 3663 号华东师范大学校内先锋路口
网　　店　http://hdsdcbs.tmall.com

印 刷 者　上海商务联西印刷有限公司
开　　本　787× 1092　16 开
印　　张　10.75
字　　数　206 千字
版　　次　2011 年 11 月第 1 版
印　　次　2022 年 6 月第 5 次
印　　数　8 401-9 500
书　　号　ISBN 978-7-5617-8571-3/G·5051
定　　价　21.00 元

出 版 人　王　焰

(如发现本版图书有印订质量问题,请寄回本社客服中心调换或电话 021-62865537 联系)

华东师范大学
"985 工程"哲学社会科学
"教师教育理论与实践"创新基地建设成果

教师教育新行动论丛

丛书主编：华东师范大学教师教育改革推进委员会

主　任：俞立中
副主任：庄辉明（常务）　陈　群

成　员：（以姓氏笔画为序）

丁　钢　方俊明　毕志毅　任友群　庄辉明　李学昌　杨　凯　吴　刚　吴庆麟　沐　涛
陆嘉星　陈　群　陈玉琨　周长江　周忠良　周南照　季　浏　范国睿　胡炳元　赵小平
赵中建　俞立中　祝智庭　聂幼犁　袁　雯　顾伟列　柴　俊　倪文锦　徐伯兴　徐斌艳
唐永华　唐安国　戚业国　崔允漷　谢安邦　谭　帆　戴立益

丛书策划：任友群

序

　　进入 21 世纪,世界各国都将提升教育质量确定为教育改革的重心,教师教育改革与创新更是成为重中之重。中国教师教育改革发展同样面临的一个核心问题,即如何把国家教师教育的战略导向和基础教育新课程改革对教师教育的要求,转化为教师教育改革实践的具体目标与措施,加快传统师范教育向现代教师教育的转变,培养造就一大批优秀教师和未来教育家。

　　自教师教育产生发展至今,源起于为教师提供教学法训练的学科教育,在教师培养与培训过程中一直充当着重要角色。自新中国建立以来,师范院校一直是教师教育的主阵地,因此,学科教育研究与实践的核心任务,就是研究基础教育,培养、培训中小学校教师。其遵循的一个核心原则是,对不同学科的教学规律的发现与运用,要与教育学的一般理论紧密结合起来,一般而言,教育学理论对于学科教育研究与实践具有指导作用,而学科教育反过来促进教育学理论的发展。

　　1986 年,美国公布霍姆斯报告,新一轮教师专业化运动迅速兴起,"学科教学知识"概念应运而生。这一概念强调,学科知识既包括学科内容,也包括学科知识的逻辑结构,因此对学科知识结构的掌握,直接影响着教师传授知识的方法和效果。这就要求学科知识与教育学知识要在更深层次和更广范围上实现结合,从而对传统的学科教育理论提出了挑战。

　　但是,迄今为止,大多数学科教育研究与实践者仍然尊奉的是传统原则。基于各学科自身的知识逻辑,基于教师自身所需知识的逻辑结构,以及基于基础教育阶段各学科学习的认知规律和教学策略,尝试重新构建一个全新的学科教育理论框架,仍停留在一个讨论的层面。

　　2008 年,全国学科教师教育论坛举行。教育部副部长陈小娅在论坛开幕式上作了重要讲话,要求从事学科教学研究与实践的教师,要以服务基础教育为导向,以强烈的责任感、使命感直面学科基础教育与教师教育改革的理论与实践问题,积极开展学科教师教育的探索与创新,逐步建立起学科教师教育的研究共同体。

这样的期待,似乎并不仅仅意味着对学科教育研究与实践的激励。要改变目前学科教育在各师范院校的边缘化和研究队伍青黄不接等现状,除了各师范院校要重视学科教育的学科建设与师资队伍的建设外,学科教育也必须寻找到足以使其安身立命的新的合法性基础,即确立自身学科的理论基石与体系,积极探索形成自身的研究传统与优势。

我们也一起期待,教育界、科学界有更多的专家学者来推动和投身学科教育事业,提出更多的、更具体的理论与实践课题,为促进学科教育研究、实践和教师教育的可持续发展而共同努力。

左辉明

2009 年 6 月 6 日

目　　录

第一章　教育心理学理论简介

　　尽管数学教育心理学理论的发展离不开数学教育的实践总结,但是我们仍然需要了解对数学教育活动产生影响的一般教育心理学的观点,以借鉴它们的基本原理和重要思想、概念和方法。本章将简单介绍五种教育心理学的基本观点。

第一节　行为主义理论

　　行为主义理论是发展较早的一派心理学理论。行为主义的学习观认为,学习是一种行为的形成或改变,它是通过刺激—反应来实现的。它的主要代表人物是桑代克(Thorndike)和斯金纳(Skinner)。

　　桑代克的理论认为,通过条件反射,特定的刺激将和特定的反应联系起来,形成"联结"。他从动物实验开始进行研究,然后转而探讨人的学习。在实验中,他观察了笼子里的饿猫在看到笼外的食物(刺激)后反应的变化,记录它乱抓乱摸后触动笼子的门闩,跑出笼子吃到食物所需的时间,并作分析。他发现,在若干次"尝试"之后,猫碰掉门闩所需的时间越来越短,最终学会了很快逃出笼子的本领。实验的结论是:试误(尝试—错误)活动逐步形成了刺激—反应的"联结",学习将联结刻在了神经系统里。为了进一步解释这种现象,桑代克提出了他的三项学习定律:准备律、练习律、效果律。

　　(1) 准备律

　　这个规律包括三个组成部分:A. 当一个传导单位准备好传导时,传导不受任何干扰,就会引起满意之感。B. 当一传导单位准备好传导时,不得传导就会引起烦恼之感。C. 当一个传导单位未准备传导时,强行传导就会引起烦恼之感。此准备,不是指学习前的知识准备或成熟方面的准备,而是指学习者在学习开始时的预备定势,简而言之,联结的增强和削弱取决于学习者的心理调节和心理准备。

　　(2) 练习律

　　指学习要经过反复的练习。练习律又分为应用律和失用律:应用律是指一个联结的使用(练习),会增加这个联结的力量;失用律是指一个联结的失用(不练习），会减弱这个联结的力量或遗忘这个联结。

（3）效果律

效果律是指"凡是在一定的情境内引起满意之感的动作，就会和那一情境发生联系，其结果是当这种情境再现时，这一动作就会比以前更易于重现。反之，凡是在一定的情境内引起不适之感的动作，就会与那一情境发生分裂，其结果是当这种情境再现，这一动作就会比以前更难于再现"。也就是说，当建立了联结时，导致满意后果（奖励）的联结会得到加强，而带来烦恼后果（惩罚）的行为则会被削弱或淘汰。

桑代克后来对此规律进行了修改，认为从效果看，赏与罚的作用并不等同，赏比罚更加有力。并补充说明，准备律、练习律以及效果律，只靠单纯练习，不能充分导致进步，要把练习和练习的结果及反馈联结起来，才能进步。

以斯金纳为代表的行为主义者的观点比较重视分析行为本身。他们提出，学习应当看作是反应性行为的改变，而不是刺激代替，他们认为，学习是一个"刺激—反应—刺激"的过程。在这个过程中，重要的并不是先于反应的刺激，而是跟在反应后面施加的刺激，他们将这后一个刺激称为"强化"。它是能够用来改变、控制反应的要素，逐步形成反应的各个元素，积少成多，组成一系列的操作。

这个理论认为，强化在一个反应行为以后出现，就能对反应作出影响，增强这种反应再发生的可能性或趋势。由此，学习的本质并不是刺激替代，而是反应的变化。最先的那个刺激倒是无关紧要的，只要能够引出反应即可，而强化，即后面的那个刺激存在着一种动因，对于反应的再发生起着一种促进作用，它可以改变行为，推动学习。

在学校里，教师的评分，大家的赞扬，各种各样的奖励等等，都被斯金纳看作是起着重要作用的强化。学生答对了老师提出的问题，老师当众予以表扬，给予好分数，就会使学生感到光荣、兴奋，增加了他再举手回答问题的兴趣。当然，这种强化仅是比较肤浅的，可能对年龄小的学生起作用，对于年龄大的学生来说，他所需要的是内涵较深的强化，例如，一种学得知识后的成就感，一种自我满足。

斯金纳提出，教学过程中，学生需要的是及时的强化，时间方面的因素很关键。反应与强化之间隔的时间越长，强化的效果就越差。此外，强化的频率也需要增加。他对中学前四年的学习作了一个估计，认为学生大约需要 2.5 万到 5 万次的强化。而实际上教师仅能提供几千次左右。因此，他提出了能对每一个学生提供大量强化的教学方案，这就是著名的程序教学法。

程序教学法是一种教和学的体系。它遵循以下五条主要原则：

（1）积极反应。斯金纳认为，传统的课堂教学是教师讲，学生听。学生充当消极的听众角色，没有机会普遍地、经常地作出积极反应。传统的教科书也不给学生提供对每一单元的信息作出积极反应的可能性。程序教学以问题形式向学生呈现知识，学生在学习过程中能通过写、说、运算、选择、比较等作出积极反应，从而提高学习效率。

（2）小步子。斯金纳把程序教学的教材分成若干小的、有逻辑顺序的单元，编成程序，后一步的难度略高于前一步。分小步按顺序学习是程序教学的重要原则之一。程序教学的基本过程是：显示问题（第一小步）——学生解答——对回答给予确认——进展到第二小步……如此循环前进，直至完成一个程序。由于知识是逐步呈现的，学生容易理解，因此在整个学习进程中他能自始至终充满信心。

（3）即时反馈。斯金纳认为，在教学过程中应对学生的每个反应立即作出反馈，对行为的即时强化是控制行为的最好方法，能使该行为牢固建立。对学生的反应作出的反馈越快，强化效果就越大。最常用的强化方式是即时知道结果和从一个框面进入到下一个框面的活动。这种强化方式能有效地帮助学生提高学习信心。

（4）自定步调。每个班级的学生在学习程度上通常都有上、中、下之别。传统教学总是按统一进度进行，很难照顾到学生的个别差异，影响了学生的自由发展。程序教学以学生为中心，鼓励学生按最适宜于自己的速度学习并通过不断强化获得稳步前进的诱因。

（5）最低的错误率。教学机器有记录错误的装置。程序编制者可根据记录了解学生的实际水平并修改程序，使之更适合学生的程度。又由于教材是按由浅入深、由已知到未知的顺序编制的，学生每次都可能作出正确反应，从而把错误率降到最低。斯金纳认为不应让学生在发生错误后再去避免错误，无错误的学习能激发学习积极性，增强记忆，提高效率。

根据以上五条原则，教师要把预先安排好的教材分成若干个小步骤，并仔细地按逻辑顺序串联起来，又使每一个步骤都建立在前面的基础上，以使学生容易学会。学生遵照事先安排的次序，按自己的能力、速度独自进行学习。每一小步做完后，教师立即给予强化，对正确的回答进行鼓励，并且只有让他做对之后才进行下一个步骤。下面是一个简单的教学单元的例子。

定义　因数中只包含1和自己本身的整数叫质数，例如7。

题1　29是质数吗？为什么？

答案：是，因为29的因数只有1和29。

题2　一个质数，只包含什么样的因数？

答案：质数的因数只有1和它自己。

如果答对题1、题2，请再做单元60。

如果有一个做错，则重做单元59。

按照这种设想，斯金纳设计了"教学机器"来实现上述方案。上例中的内容只能逐行显示，让学生逐步阅读和回答，一小步一小步地学习。几十年以前的教学机器比较简陋，现在已被微型计算机代替了。计算机辅助教学的基本原理是程序教学思想的发展和改进。

行为主义的理论是所谓的黑箱理论,它认为,头脑里发生了什么情况是黑箱内部的过程,外面是无法了解的,也不必去了解。心理学关心的就是输入、输出黑箱的外部行为,而不应去分析黑箱里面的心理问题。意识、感知,甚至思维等等中介性的、主观性的概念是不明确的概念,只有外显的、可观察的行为才具有客观性。所以,行为主义理论的基本方法就是实验和观察,强调研究的客观性。

第二节 格式塔理论

随着时代的发展,行为主义观点受到了不少批评。行为主义理论的特点是比较重视实验观察,强调研究的客观性。但它们基本上是从外部来研究人的心理和行为,对人的内部思维过程不进行探讨,因此,无法对学习的许多方面作出合理的解释。例如,学习中关系的发现、定理的证明、难题的解决,并不是靠盲目尝试,碰到偶然的机遇才获得成功的。所以,不少心理学家认为,研究学习不能只是靠简单地观察行为变化。要能恰当地说明学习,就必须对学习者头脑中的心理过程和内部机制加以猜想和分析。这是认知观点的基本立场。

20 世纪 30 年代出现的格式塔理论是最早的与行为主义观点截然不同的理论。该理论认为,知觉起源于整体。研究一个事物,不能仅从考察各个成分去理解,必须将其作为一个整体来研究,才能得出正确的结果。它的一个基本观点是,具有良好组织的整体大于各部分之和。它主张,学习就是积极主动的活动,而不是被动地接受环境的支配。学习过程中,心理活动要通过组织“格式塔”(Gestalt)或完形,形成结构上的变化,达到理解和掌握。学习是否发生,要深入探究学习者对问题的思考过程,而不是只看外表的观察到的行为。

格式塔学派的心理学家描述学习的关键词是顿悟,学习就是改变旧顿悟,发展新顿悟,因此,学习就是涉及理解和完形的组织。行为主义将学习解释成一系列个别的反应或操作的积累,而且不考虑动机、目的等重要的因素,这样就过于简单化、机械化了。该学派创始人心理学家魏泰墨(Wertheimer)在《创造性思维》中具体而生动地陈述了自己的思想、观点和方法。其中所讲到的“平行四边形面积”和“高斯童年的故事”等例子体现了由组织知识结构,掌握内在原理而认识问题、解决问题的思考原理和方法。他指出,“这个理论的核心,就是从一堆孤立的、肤浅的结构转变成为客观上更加完善或合适的结构。立足于结构的真理观点,比立足于孤立的真理的观点看来,其标准更高,因此效果更好”。特别是作者通过与爱因斯坦的面谈了解了这位大科学家的思维,分析了爱因斯坦创立相对论的思维过程,为格式塔理论提供了佐证。

然而,格式塔理论的观点和方法在可靠性和合理性上比较脆弱。由于思辨方法的观点和脑科学发展的限制,要找到证明自己观点成立的令人信服的物质证据还比较困难。

第三节　皮亚杰的认知理论

著名哲学家、心理学家皮亚杰(Piaget)在研究人类知识发生、发展过程中,深入探讨了人的认知建构。他觉得,格式塔理论中一个关键的缺点,是没有说明所称的整体是如何形成的,于是只能看成是"涌现"的,一下子冒出来的。他认为,整体不会是涌现的,而是有一个产生、形成、发展的过程。换言之,整体结构是建立起来的,有一个"建构"的过程。学习就是在作结构的建构。这不仅是一种解释,也提供了学习的基本途径和方法。为此,他提出了一系列关于人类认知的基本概念,例如动作、活动、内化、运算、物理知识、逻辑数学知识、反省抽象等心理学和哲学概念。

运算是皮亚杰的理论中一个最为关键的概念。他认为,知识是与动作或活动紧密联系在一起的。一串动作协调起来就形成系统,称为图式。活动可以分为不同的水平。它可以在事物上进行,也可以在思想内部进行。思维中的协调活动是外部活动的内化。内化能产生概念,所以活动的内化就是概念化。得到了内化的活动称为运算。通俗地讲,它就是指思维操作,具有诸如可逆性、守恒性、系统性的特点。

皮亚杰从纵向上对人类认知的发展作了详细研究,针对儿童与成人会对同一事物、同一情境建构出不同意义的情况进行分析和解释,提出了儿童智慧发展论。他认为,人的思维发展不是直线式上升的,而是呈阶梯状的阶段发展。他最后将儿童智力的发生和发展归结为感觉—运动阶段、前运算阶段、具体运算阶段和形式运算阶段四个阶段。

人从出生到 2 岁,即婴儿期,为感觉—运动阶段。在这一阶段里,儿童只有直觉的能力,他们的活动还没有能够到达内化的水平,所以感觉运动不具备运算的性质。他们也缺少思维、表象和语言方面的能力。在自身的感觉和运动中,他们的认知开始逐步走向协调和发展。但是,此时的认知图式只能在具体的活动和事物上运用,不能在思维当中运用。

儿童从 2 岁到 7 岁左右,即幼儿期,为前运算阶段。在这一阶段,儿童开始有了语言能力。在活动上会进行模仿,会开展象征性的游戏。他们在思维上有了一定的表象能力,能够利用符号作为媒介或工具来描述他们所接触到的世界。但是,这种表象只能依赖感知活动,依赖具体的对象来表示具体的、静态的思维。他们在表象性的认识中,在主体内部协调及客体的外部协调方面有了进步,能学会初步的推理,也能够建立一定的对应关系了。此外,儿童在将外部活动内化到内部思维时还有困难,无法在思想上操作对象,抽象出关系。他们的思考尚缺乏可逆性。

从7、8岁到11、12岁,为具体运算阶段。在这阶段,儿童开始具备运算能力,思维由于具有可逆性转换的资格而获得了运算的地位,但是,这一阶段的运算仍受到一定的限制,不能脱离具体情境,在很大程度上要借助具体对象进行操作,形式同内容还没有分开,因此儿童在本阶段的思维运算称为具体运算。儿童会通过玩具、实物等掌握分类的关系和序关系。

从11、12岁到15、16岁之间,即少年期,为形式运算阶段。这时,他们逐步具备了类似成人的思维结构。形式运算的主要特点是他们有能力处理假设,而不是单纯地处理客体。学生能够认识、提出命题这种思维对象,能够从假设来考虑问题,从假设推导结论。他们还能对命题进行运算,即推理,从而形成了对运算的运算这种能够超越现实的能力。他们能理解复杂的概念,能对概念下定义,并系统、逻辑地或象征性地进行推理。

皮亚杰的理论认为儿童有其自己认识事物的观念。这种不同主要不是因掌握知识的多寡引起的,而是他们的思维结构和方式与成人的不同。儿童是在自己与现实世界及思维对象相互作用的过程中,由自己对知识作亲身的建构和再建构而学到新东西的。

皮亚杰提出了自我与环境的"平衡"的概念,学习过程中接触到新事物,就会对个体心理引起不平衡,通过同化和顺应这两种心理过程或机制,逐步达到或维持平衡。同化是由现有图式接纳新知识,顺应则是改变内部特定的图式后再接纳新知识。

皮亚杰的理论对儿童学习及思维发展研究有着巨大影响,最后促使形成了发展心理学这个心理学的分支。但皮亚杰所指的发展本意是指儿童的自然发展,即在没有教育的条件下,在个人认知活动中自发形成的发展。

第四节　社会建构主义理论

苏联的几位心理学家维果茨基(Vygotsky)、列昂节夫(Leontiev)、达维道夫(Devydov)等,自成一派。他们的一些概念看似在许多方面与皮亚杰的概念相类似,例如"运算"、"内化"等。他们也认为,思维是在活动、运算过程中形成、发展的,智力起源于外部活动,然后内化到心理运算,但他们的基本观点与皮亚杰的发展理论存在着某些质的差异。他们虽然也肯定学习中有一个平衡的"问题",但认为从更大范围看,不平衡是绝对的、正常的。特别是,思维是社会生活的产物,是一种活动的形式,一开始出现于交流,而后形成为个人的行为。由此,他们提出,学生智力的变化需要进行综合的、辩证的考察和解释。例如,要考虑到自然的或

数学教学心理学

学习的环境的影响、学生本人的行动或活动等。其中社会环境因素及其转移和内化起着关键性的影响。

特别应当注意的是，维果茨基等人所说的"活动"，并不是一般所认为的，学生做起来、动起来就可称之为活动，而是比这种活动具有更全面、更深刻的含义。俄语中的这个词本身就比英语或汉语中"活动"一词的含义要丰富。它不仅是指活动过程本身，而且指主体、客体、过程三者的统一，其中主要涉及个人的意图、需求、参与投入的程度、与他人的关系等，特别是强调活动必须是主体自觉的、有目标的、真正开动脑筋的参与，而不是那种相对无意识的、习惯性的、自动化的程式性操作运算。

维果茨基提出了"最近发展区"的概念。它是指儿童在没有他人帮助的情况下独自能达到的水平与在有帮助的情况下所达到的水平这两者之间的差距。它也可以看作为学生自己能达到的水平与教学目标、教学要求之间的距离。在这个区间里，儿童的认知处于一个需要帮助的关键阶段。教学活动就是在最近发展区中进行的主要活动，这个活动是成人（教师）与儿童（学生）之间的交互活动，而它的本质，是社会性活动，不是个体的事情。在社会条件下进行的活动，能弥补学生个人的不足，儿童智力的发展正是在这样的社会层面上得到促进的。所以，教学的意义是指导发展，而不是跟在发展的后面发生影响。这就恰当地评价了教学活动的地位和教师在教学中的作用。他还提出了"自发性概念"和"科学概念"这两个教学中会遇到的具有不同意义、性质的概念，并认为两者之间的相互作用实际上形成了个人与社会、历史因素的内在联系。

总之，这些观点强调了学习的社会性：个人受所处的社会环境的影响强大，社会性人际交互活动对个人知识建构起到必不可少的作用。

这一流派的另一个重要观点是，要评估学生在活动过程中是否产生了学习，主要从同他们的谈话中来观察了解，而不是依据统计结果来下结论。克鲁捷茨基（Kruteskii）的研究成果《中小学生数学能力心理》就反映了这种基本思想。

第五节　信息加工理论

信息加工理论是 20 世纪 70 年代后期建立起来的学习理论。该理论的一个基本假设是：行为是由有机体内部的信息流程决定的。由于这种信息流只是一种猜想，是永远不可能直接观察到的，因此，心理学家们构建了不同的模式来推导这种信息，这取决于理论家想要说明哪一种内部过程。也许，可供选择的许多信息流程图都有其依据，但一般而言，信息加工论者主要关注的是这样两个问题：(1) 人类记忆系统的性质；(2) 记忆系统中知识表征和贮存的方式。信息加工理论的代表人物有加涅（Gagne）、西蒙（Simon）、奈瑟（Neisser）等。

围绕信息加工理论,在认知心理学领域很早就开展了关于记忆的研究。1968年,阿特金森(Atkinson)和希弗林(Shiffrin)第一次提出一个系统的、全面的信息加工模式,即记忆信息三级加工模型:新信息要经过感觉记忆、短时记忆和长时记忆三个阶段。进而,他们提出了包括感觉登记器、短时记忆和长时记忆在内的信息加工模式的记忆理论。感觉登记器是神经中形成感觉记忆(sensory memory)或称形象记忆(iconic memory)的部位。这种记忆由外部视觉刺激、听觉刺激或触觉刺激引起,保存的时间一般在 1 秒钟左右。如果输入的信息不被注意,其很快就会消失;如果信息能够被特别注意,则可以进入短时记忆作进一步加工。短时记忆,亦称工作记忆(working memory),用于加工感觉记忆中被注意到的信息。这一过程一般可持续 20 秒左右,短时记忆中的容量一般在 7 ± 2 个单位之间。要使短时记忆保持长久一些,就要对信息进行排练(rehearse),包括简单的重复过程或对已知信息进行复杂的联想过程,也就是所谓的编码过程(coding)。经过这样的处理,短时记忆中的信息就可以转移到长时记忆。长时记忆的容量比感觉记忆和短时记忆的容量都要大得多,保留的时间也更长,短至 1 分钟,长可伴随人的一生。长时记忆保持着我们的知识系统,要想丰富我们的知识系统,就要不断充实长时记忆的信息量,即要不断想方设法把短时记忆中的信息转为长时记忆中的信息。该理论认为信息从短时记忆转入长时记忆是通过复述而实现的,复述时间越长,记忆保持越好。

加涅认为"学习就是学习者所面临的刺激通过一系列内部构造被转化、加工的过程","学习动作在进行中必定经过许多不同的过程,每一过程都履行一种不同的加工方式"。他认为只有弄清了这些连续过程的加工方式,才能解决与教学有关的问题。根据学习的记忆和信息加工理论,加涅提出了学习结构的一个典型模式,如图所示:

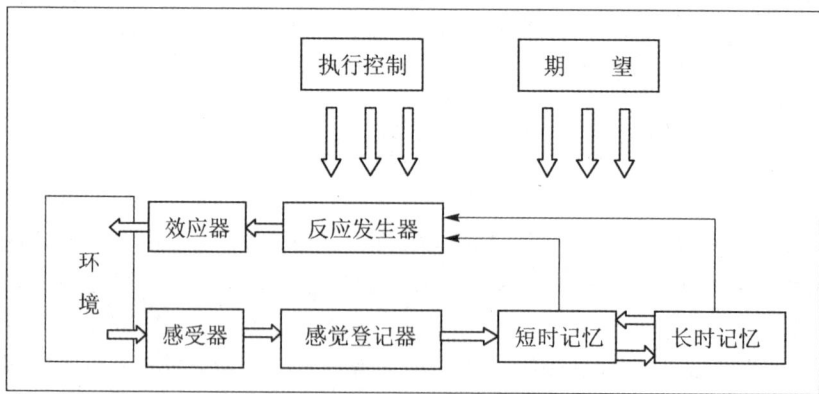

图 1-1

图 1-1 表明,从教学环境来的信息,作用于感受器,然后被加工成各种模式

的神经冲动而到达感觉登记器,并对接收的信息进行初步的处理。信息在这里经过大约百分之几秒的停留,然后通过选择性知觉而进入短时记忆结构,当信息进入短时记忆后再次被编码(暂时整理),以便在长时记忆中得到保持。所谓编码,就是为了把信息放入人的信息加工系统,把信息加以修改、转换,使之适合于人的信息的过程。经过编码的信息也就成了概念的样式。

经过短时记忆而到达长时记忆中的信息可以回到短时记忆,这时往往会发生学习的迁移和概括。信息经由短时记忆(也就是"工作记忆")的加工后进入反应发生器,通过具有信息转移或动作功能的反应发生器使效应器活动起来,产生一个影响环境的操作行为。这种操作行为体现出最初的刺激发生了作用,也就是信息得到了加工。在这个信息加工过程中,整个学习过程都是在"执行控制"(已有的经验对现在学习过程的影响)和"期望"(动机系统对学习过程的影响)这两个结构的作用下进行的。

将学习活动作进一步分析,就上图进行扩大,加涅又把学习过程分成八个阶段(如图1-2)。

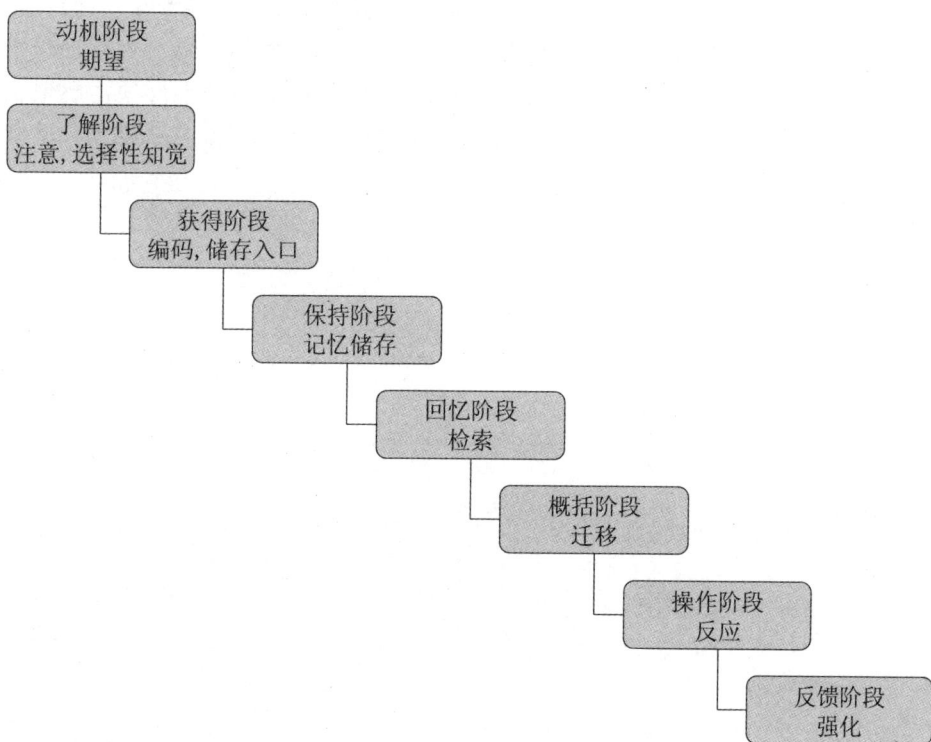

图 1-2

图1-2中,方框中第一行是与教学有关的各阶段,第二行是学习的内部过程各阶段,"动机阶段"即学习模式中的"期望"。要使学习得以发生,教学必须要引

起学生的兴趣以激发其动机。"了解阶段"即学习模式中的"感受器"和"感觉登记器",即"注意"。在此阶段,学习者将注意指向与他的学习目标有关的各种刺激。"获得阶段"指的是所学的东西进入了"短时记忆",也就是对信息进行编码和储存的阶段。"保持阶段"、"回忆阶段"和"概括阶段"相当于信息加工学习模式中的"长时记忆"。"操作阶段"即学习模式中的"反应发生器"和"效应器"。"反馈阶段"即所谓的"强化",它促使信息得到有效的加工。了解这些学习过程,对有效的教学设计来说,有深远的意义。

信息加工学习理论可以用来解释人类的许多思维过程,使得人类的高级心理过程不再那么神秘。借助合理的科学方法,我们对这种心理过程有了更多的了解。从学习理论的角度来看,信息加工理论在以下几方面是有启迪的:(1)刺激选择不是一种随机的过程,因此,不能仅仅考虑刺激的特征,还要关注学习者已有的信息或认知图式。(2)短时记忆加工信息的能量有限,如果一味要求学生在短时间内掌握大量的信息,不给他们留有加工或思考的时间,结果必然会像狗熊拣苞米一样,拣一个丢一个。(3)"组块"理论,为了尽可能使学生在短时间内学习较多的知识,教师需要把知识组织成有意义的块状,减少学生的机械学习。(4)信息编码不仅有助于学生的理解,而且也有助于信息的贮存和提取。教师在帮助学生使用各种策略来编码方面,是可以大有作为的。但与此同时,我们必须清醒地认识到,信息加工理论注意系统、编码系统和记忆系统的分析,是建立在推测的基础上的。

第二章　认知结构

按照我们的常识,结构即是由许多节点和联线组成的稳定的关系。由于客观世界千姿百态,要素之间的联系呈现复杂的状态,远远超出了简单的线性或平面关系,所以只有用结构这样一种形式来表示多元多维的关联才比较合适。例如生命科学所描绘的脱氧核糖核酸(DNA)的模型,其右旋双螺旋型的结构给人印象至深,一下子就能把握它的特征与内部关系,对于形象、精确地揭示对象有着出乎意料的效果。与其他学科一样,认知心理学也引入了结构的概念,用以分析人的认知特点和形式。

第一节　认知结构的含义

简单地讲,认知结构是个人将自己所认识的信息组织起来的心理系统。关于这个概念,存在着许多不同的名称:图式、架构、模型、组块、同化范例等等。

人类在实践中体会到,认识了的知识需要加以组织整理,存贮在记忆中,这样才能有效地加以利用。正如美国教育心理学家布鲁纳(Bruner)所说:"获得的知识如果没有完美的结构把它联在一起,那是一种多半会被遗忘的知识。一串不连贯的论据在记忆中仅有短促得可怜的寿命。"事实上,认知结构除了有助于信息的存贮、记忆和操作处理外,还有促进理解的功能。总之,认知结构是一种推动人的认知活动的工具。

1. 认知结构是一种心理组织

心理学理论中有"图式"的概念。按皮亚杰的解释,图式是指相对稳定的以动作为主的认知结构组织。这里的动作既包括实际动作,也包括抽象化了的思想上展开的动作。图式实际上就是指心理结构,但似乎常指局部结构,如一个概念结构、一套动作结构。皮亚杰又将它区分为图式(schema)与图式结构(schemata),图式适当地组织起来,构成了图式结构。这里所讲的结构,是一个泛指的心理学概念,它描述的是心理现象。

皮亚杰明确认为："结构本身不属于可观察到的事实的范围。"这种看法更适合于说明认知结构的特征。因为仅仅限于可观察得到的关系或相互作用所构成的系统之内，即在经验事实范围之内来描述结构，就太肤浅了。认知结构不是平铺直叙、简单罗列，而是需要对它的建立和改进作进一步的反省思考，从中开发出更多的功能和深刻含义。所以，我们需要用更加深刻的眼光来看待认知结构。

严格地讲，心理结构或认知结构只能看作是关于心理现象、思维形态的一种假设。这个结构不能被肉眼看到，目前也很少有可能真实地全面地描绘出来。但这并不妨碍我们来讨论它、分析它。

应该指出的是，我们现在的讨论是围绕数学教育进行的，所以将集中分析与数学学习有关的认知结构问题，这样的限定并不意味着认知结构中不包含其他方面的知识，例如有关语言、物理、化学、地理、天文等方面的内容。从总体讲，人脑可以存贮各种知识，整体认知结构应包括全部知识。正是因为有结构在内部发生作用，这些知识就可以分门别类地得到整理，形成有关的局部结构（例如有关语文方面的局部结构），否则就会杂乱无章。然而，各种知识并不是以纯粹的完全独立的形式分门别类地保存着的。物理、化学知识常包含数学方面的内容，而数学又常常牵涉到物理模型、语言、字母符号甚至音乐、美术等方面因素。因此，所谓的局部结构并不是若干个分界明显的、相互隔绝的领域，而是存在着相互渗透、相互交叉的直接联系，或存在着相互影响、相互利用的间接关系，能起到促进各类知识相互交织、理解、提示、运用的作用。除此以外，认知结构还包括关于知识的知识，即元知识。它们是有关组织、提炼、监控、调节、反省知识的知识及方法。由于有了这些知识，认知结构才有条不紊，便于利用。

顺便提及，认知结构的概念在认知理论中实际上存在着几种提法，各有不同的侧重点。格式塔理论关注的是心理上的结构，感知的整体倾向与特点，思维组织成整体带来的有益的功能，用心理结构的整体性来全面把握客观因素的关联。尤其是格式塔理论所谈的认知结构是感知性的、一下子涌现的。而皮亚杰的心理结构观点着重于操作活动和理解过程中各因素的逻辑结构。它指人的认知及思考的结构，以及它们的发展对人与环境之间的积极影响，因此它更多的是指活动成分的结构。信息加工理论则倾向于内容和形式在心理上的组织和表示。全面地看，它们对于认知结构的概念各有自己特定的贡献，有利于我们从各个角度去了解、掌握有关的思想，但同时我们应明白，它们毕竟有所不同，不应简单地混为一谈，不加以区别。本章将基本采用信息加工理论的观点来探讨认知结构的有关问题。

2. 认知结构和知识结构

我们要指出，认知结构和知识结构是两个概念，它们有许多差别，不应混为一谈。一般地说，知识结构是数学内容及其组织形态。对于学生的认知来说，它是外在之物。学生通过学习将它们转化为自己掌握的东西后，就变为内在的认知结构了。这是它们之间最根本的差别。由此,带来了其他方面的不同,例如,知识结构要体现在课本中,书面形式就会给它本身带来许多限制。它讲究逻辑关系,追求准确严谨,只能用规范的语言、符号、图象等表示。而在认知结构中,所受的限制要少得多。许多概念只要抓住关键,表现形式不那么严谨也无伤大局,抛开逻辑仅凭直觉来把握也未尝不可。许多课本中无法表现出来的隐关系,在认知结构的作用下,可以转化为显关系。总之,认知结构要比知识结构灵活、生动得多。它具有丰富的表现力,是帮助和促进学习的强有力的工具。

第二节　信息加工理论的解释

为什么人在思维中要采用结构这样的工具呢? 信息加工理论关于记忆系统的假设可以对此作出心理方面的说明。

1. 思维的信息处理系统

按照人类信息加工理论的观点,人的行为是处理来自外部环境及思维内部的信息的结果。信息的处理是在一系列的"记忆(器)"中进行的。记忆可分为感觉记忆、工作记忆和长时记忆,每一种记忆都有不同的处理和存贮能力,也具有不同的局限性。这些思维结构组成了信息处理系统。

当信息从外界进入思维时,它首先进入"感觉登记器"。系统中的这种记忆可直接从外界接受视觉的、听觉的或触觉的信息,并能同时接收许多信息,但这些信息仅能保持不到1秒钟的时间。如果这里的信息未能被其他记忆部分接收过去,它们就很快被遗忘。能将这些信息吸收过去的记忆部分称为"工作记忆"(或称为短时记忆)。它是思维实际操作、加工信息和编码的场所。记忆系统的第三部分称为"长时记忆"(或称永久记忆、语义记忆)。它是将个人所知道的、所加工过的全部信息作长期存贮的地方。它的基本特点是存贮量大,可以认为是无限制的;另一个特点是存贮时间长,可能存贮一辈子,如一位九旬老人可能会清楚地记得孩提时代的某件趣事。

2. 工作记忆与认知结构

在整个记忆系统中工作记忆起着关键作用,它是内、外部信息的集散地。所有进入长时记忆的知识都必定经过工作记忆的加工处理,而在思考过程中需要用到的、存贮在长时记忆中的信息,也必须进入工作记忆才能实际使用。工作记忆处理信息的能力是有限的,这不仅是指它保持信息的时间不长(不到1分钟),而且更主要的是,它在某一刻里所能容纳的信息量相当有限。当然,迄今为止科学技术还不能确切地知道一个人的工作记忆能同时放置多少信息。美国心理学家米勒(Miller)在 1956 年提出一个假说：一个成人的工作记忆的容量仅有 7 ± 2 个"单位"。而实际上人能实时处理的信息可能还要少一些,约 5 个或 6 个单位。如果工作记忆中当前的信息是"满"的,而又需要有新的信息参与处理,那么,新信息将"冲"掉旧信息,旧信息将会"溢出"而被暂时遗忘。对于思维的这种局限性,我们每个人都会有亲身体验。比如,用通常的竖式算法做两位数乘以一位数的心算,大概不会有问题。因为计算过程中的数值、进位、加法等步骤不是很多,能及时记住并继续使用。而要做四位数乘以一位数或两位数乘以两位数的乘法心算时,由于这类竖式算法中间数据过多,会前做后忘,结果就做不下去了。如果能采取其他灵巧的办法,绕开过多的中间数据的记忆,问题就可能解决。一些心算专家能靠心算迅速正确算出五、六位数的乘积等,可能就是采用了自己独特的方式,压缩、整理了必须实时记忆的许多中间数据,使之不超出工作记忆容量,从而表现出惊人的心算能力。可见人类对工作记忆的局限性并不是无能为力的。

工作记忆处理信息的单位数量无法人为地增加很多,但人们可以寻找其他途径,用扩大每个单位所包含的信息量达到"扩容"的目的。扩容的最基本的方法就是采用"结构"的形式,合理有效地组织必要的有关联的信息,成为"组块",使之有可能让过多的独立的信息浓缩进更多的组块而进入工作记忆,达到扩大工作记忆处理能力的目的。例如,我们有 9 项信息,单独列出,如图 2-1,工作记忆接纳不了,就必须放弃其中的若干项才能加工。而如果我们考虑到信息之间的关联,则可能组织成一个新的结构,如图 2-2。这时,进入工作记忆的信息仅有 4 个组块,信息项 2、8、6、7、9 可以随着信息项 1、5 的实时处理而加以使用,于是工作记忆的加工处理能力绰绰有余,不会有很重的负担。因此可以认为,认知结构是人类思维过程中用来解决狭小的工作记忆空间的一种工具。

图 2-1

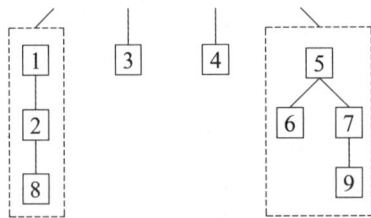

图 2-2

3. 长时记忆与认知结构

认知结构也是人类使自己的思维适应庞大的长时记忆特点的一种方法。个人所掌握的所有知识都存贮在长时记忆中。当信息加工时,其中所要用到的知识就需要回忆出来,进入工作记忆,接受或帮助加工。布鲁纳指出,人类记忆的主要问题不是存贮,而是恢复。按个人兴趣和认知结构而组织的材料将具有出入工作记忆的最佳机会,因此心理上的组织将有可能防止一大堆无序材料的盲目积累而引起回忆方面的困难。如果所有的知识不分巨细,都罗列在长时记忆中,那么寻找这些知识会有可能要将整个记忆搜索一遍,而这一点是不可能做到的,因为人能记忆的知识是大量的,盲目搜索或靠偶然碰巧回忆,不仅时间不允许,效率也低下,满足不了运用的目的。所以,长时记忆中的知识应当而且必须加以组织整理,合理安排。换句话说,在贮存材料时事先考虑到回忆的机制,那么所记知识的复原过程将有章可循。这个道理就如同在图书馆,将藏书分类编目,安排好搜寻线索,就有利于查找。信息的有序组织是达到从长时记忆中迅速恢复的手段,结构则提供了组织的形式。

合理地利用认知结构这个工具,将使人的思维中有一张"大图",各项知识嵌入这张全面的大图,在适当的地方各占其位,并以某些特定的联系影响其他知识,与它们结合起来,成为有特定意义的局部图或更大的图。这样,每一项知识将显露出它的意义和目的,表现它的功能和作用,使我们既能把握细节,又可不忘全局,合纵连横,一览众山,见木又见林。而且,如同利用作者名、书名或分类目录寻找所需借用的图书那样,结构可以提供回忆的多个入口,获得高效搜索的机会。利用一个知识点与其他知识点的多重联系,还可能缩短搜寻路程,抄近路迅速到达目的地。

第三节 认知结构的基本形态

1. 概念结构与关系结构

对于数学来说,结构无处不在。概念是数学的基本元素。我们谈到结构,最基本的就是概念结构。

一个概念,就是若干对象由某种特定关系结合组成的结构,例如,加法运算和减法运算,通常称为运算结构,分别表示了数量与数量的合并和分解的概念。所以,概念就是一种基本结构,又称为概念图式。在认识概念时,也可用节点、联线简单地表示出概念构成的特点。一些概念依照某种特征,例如概念间的内部逻辑关系或外部直觉关系,能构成一个新的上位概念或关系结构。例如加法与减法共同遵循代数法则,进而形成代数和的概念;加法与减法形成逆运算的结构关系。通常的数学性质,包括有些关于性质的习题,就是要让学生把握这类关系结构。

因此,人们在讨论认知结构时,有时可能是指"微观"的概念结构,有时是指

"宏观"的概念间关系的结构。用强调联系的眼光看,两者具有共同的特征和相同的本质,在形式上也可用节点和联线加以描绘。但从各自内容所处地位上看,有层次上的差异。在无必要细加区别的时候,往往都称为结构,不作详细指明。

2. 认知结构的形式

认知结构在形式上可以看作是由节点和联线组成的复杂的网络。节点就是结构中的元素或对象,联线是元素间存在的稳定联系。为了将所学得的、要存贮的信息按外部或内在关系整理清楚,最基本的形式有三种:线性结构、树形结构和网络结构,如图 2-3。

图 2-3

由知识点之间特定的关系,它们又可分为纵向的层次关系和横向的平面关系两类。当节点之间的联系具有包含和被包含关系,如概括、抽象的不同水平,局部与整体的关系,那么就形成了纵向层次。如是同一水平的横向联系,就是平面关系。

在外部的数学知识之间,以及个人的内部组织的知识之间,关系还不会如此简洁,如此干净利落。完全可能出现三种形式互相结合,纵向与横向结构相互交叉、重叠的情况。甚至可能在两个独立的结构之间突生枝节,在它们的某几个节点之间建立了一条联线。这样会不会引起原有的认知结构的混乱?简单地看,这当然引起了思维上的不平衡,可能使人不知所措。但积极地看,当基本知识处理后,形成较简形态的认知结构时,人的认识从混沌走向了有序。当在结构中找到节点之间的新关系,形成交叉重叠的复杂情况时,意味着认识在原有层次上从新的混沌转向了更高层次的有序。因此简单形式结构的调整、修正、重组,或者另立新结构,将使人的认识得到深化,并为新一层次的发展打下基础。例如,小学生可能将数及其在加、乘运算下的和、积的概念组成一个纵向层次结构,随着以后的深入学习,这种层次结构可能"倒塌"为在同一层次上的平面结构——数及运算的结构,并成为其他概念的基础。

结构常常是由更基本的结构组成的,此时,每一个节点作为一个组块,它本身又可含有若干个节点,形成一个结构。它也可以是线性结构、树形结构或网络结构,也可以含有纵向层次结构或横向平面结构。自然数、整数、有理数、实数、复数形成了一个纵向的树形结构,但是在需要的时候,这一复杂结构可以"压缩"成为一个节点,成为整个数的概念,加入复杂问题的讨论。作一个比喻,结构中的对象是可以放大或缩小的。实际上,受到工作记忆容量的限制,任何在工作记忆中复原出来的结构总是一个局部结构,但它可以是或详或略的。当加工的焦点在某一方面时,这一部分就放大得详细、具体,以适合加工要求。当侧重点在别处时,原来忽略的或简略的局部结构又可以被放大而得以利用。而当关注的中心是一个更大的范围时,所有的局部都退缩为节点,使思维可以投射到更大的局部结构上去。

附带说一点,结构的基本形式主要是用于复杂的情境中,以便将问题分析得有条有理,在简单的情况下,不必将某个问题归结为上述中的某一种。例如加法结构,可表达为图2-4中的任意一种。完全可以根据个人需要或爱好来处理结构,甚至不采用明显的结构形式,而只根据个人的一定水平的理解,表达为有内在结构意义的其他表达方式,例如"局部—局部—整体"关系结构。有时候这样的表达方式甚至可更方便灵活地描述加法和减法的逆运算关系。

图 2-4

但是,如果某一位教师为了更清楚地分析加法、减法结构以及它们之间的互逆关系,采用图2-5的形式也未尝不可,但在一般情况下,学习加减法的年幼的学生并不会采用这种特殊的结构方法。

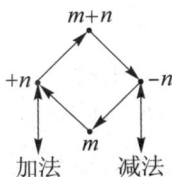

图 2-5

第四节 认知结构与数学表象

节点是认知结构的基本元素,它通常用以代表数学对象,如概念、性质等。数学对象在心理上的表示形态,就是它的心理表象。表象与事物的外部表征又有密切的关系。

1. 数学的外部表征

按照建构主义的观点,数学是人类建构的产物。对于数学教育而言,学习是在学校的情境下将有关的数学知识再创造的过程。学生通过与课本、老师、同学交流,接触到数学内容,例如学生经过读课本、听讲解、看模型、看电影电视了解数学对象。在正式的教科书中,有用文字符号严格描述的定义、定理、形式化的法则,辅之以图象、照片等。在教师讲解时,使用口头语言,并写下文字、符号,画出图形、图象,还可能展示实物或数学模型。这些东西对于学生来说,是数学的外部表征,即传递知识、思想而使用的外部交流工具。学生正是通过这些外部媒介来接触原先不了解的东西,掌握、运用它们,然后向教师和同学描绘自己了解了的东西。

布鲁纳认为,数学对象的表征有三类:活动性表征、图象性表征和符号性表征,并且它们按这样的前后顺序出现和发展。活动性表征是通过适当的活动反应,表示过去的事件的表征方式,它具有具体性、物质性的特点。图象性表征将脱离原有的具体性,利用图形或象征性的东西来表示运算或操作。它不仅表示活动,必要时也在心理上有所创造。这种心理图象删去了事件的细节,只概括被表征对象的重要特征。符号性表征是记号和词语,它是完全抽象的,与原先的事件可能毫无相似之处了。例如要表示平衡或相等原理,用跷跷板做游戏或用天平演示就是一种活动性表征;画出天平或类似的图来表示,即图象性表征;画一条线段和点,或用字母、记号表示,是符号性表征。布鲁纳认为这些表征也可以一定形式转化为心理上的记忆方式。

莱什(Lesh)在此基础上将表征的方法发展为五种,即除了上述三种外还有口头语言和现实情境(或实物)。他将这五种表征方法分别称为书面符号、口头语言、操作性模型、图形和实物。他认为它们之间不一定存在先后的发展次序,主要应重视它们之间的转换和相互影响,因为这种转换和影响对于学生的概念的形成和理解有重要的意义。例如,口头语言是对实物的解释说明;书面符号将图形形式化,而图形反过来对书面符号作图解;口头语言记录下来,变成了书面符号,书面符号的讲、读加上其他日常语言,就是口头语言;操作性模型可将书面符号具体化,反之,符号把模型符号化了;而实物与模型之间则是一般化与特殊化的关系。显然,这些表征之间的比较、联系与转换,能使学生从不同角度多方面地了解、熟悉所要学习的概念。知识的这些外部表征及其转换和联系,将共同参与学生的思考活动,被他们选取、改造和适应,转变为心理上的表征。

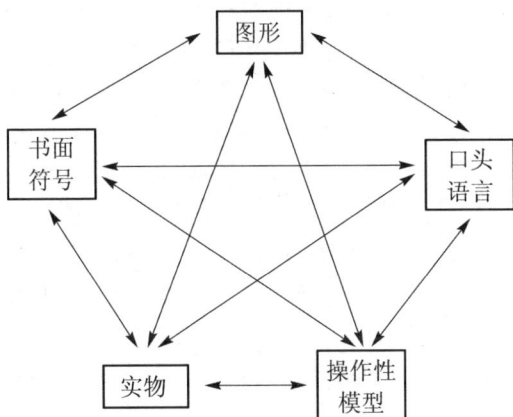

图 2-6

2. 数学思维的媒介——心理表象

在了解了学习内容之后，人们通过思考、领会、加工、运用，需要在思维中再现它们。这时的表征就是内部表征了。重要的问题是，内部表征是以什么样的形态表现在脑海里的呢？它是否与外部表征一致呢？如果不一致，则内部表征具有哪些特点，与外部表征又有什么样的联系呢？由于外部表征是可以叙述、观察的，而内部表征缺乏可观察性，所以行为主义理论对内部表征是不作研究的，但它却是认知理论的一个中心概念。内部表征涉及认知理论最关心的许多方面：人在思维过程中所采用的思维形式是怎样的？人是如何利用那些思维形式来对知识、信息进行加工处理的？它的优点是什么？怎样加以利用？它的弱点、缺点又是什么？怎样预防、限制和纠正？等等。这些问题的讨论，除了一般性的理论意义外，对于实际的数学教学问题将起到指导和诊断作用。

几何教学中学习三角形的高的概念时，几乎必定会有一些学生将钝角三角形的钝角边上的高画错（见图 2-7）。

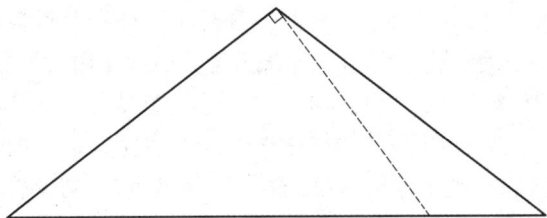

图 2-7

这是为什么呢？实际上，当教师讲解了定义，画了一些三角形上的高以后，学生就开始建构各自的关于这个概念的内部表征。由于教师画的常常是锐角三角形的高,垂足在对边上,并且还要在垂足处画上一个记号"⌐",表示垂直。于是一些学生的注意力往往被转移到这些地方,结果就自然而然地将定义中关于高应当从某一个顶点画向对边的限定忽略了。一些学生当时心理上的高的表示就是某一条垂线段,他们记住的是一些图形,而不是用语言详细表达的定义。这个问题的关键并不在于学生记住和忽略了什么要素,而是他们心理上采用的表示数学概念的基本手段。在定义和图形这两者中,他们更倾向于利用一些图形作为概念的代表,并用它们来表示概念。实际上,教师并不是一点都不知道学生的这种思维习惯。例如,在学习定义的时候,教师都会解释其语义,并利用图象、实物模型来作进一步说明,只不过对举例的实质的了解还不那么自觉。要准确、切实地纠正学生发生的错误,就应当从学生如何表示概念的角度来考虑问题,全面了解学生的把握概念的心理方式。

按照现代认知理论的观点,人们吸收了外界信息,将信息加工处理、编码以后,存贮在长时记忆中。现在的问题是,编码后思维中的信息究竟具有什么样的形态呢?现代认知理论认为,长时记忆中的信息形态上是一种"语义象征"(semantic token)。对应于"输入信息——长时记忆——输出信息"的过程,在大多数情况下,它的内容经历了"输入词语——语义象征——输出词语"的过程。当学习发生的时候,学生实际上是在对书本和教师传达的信息进行各自的加工和编码,形成自己的有关该概念的语义象征,并且利用它进行记忆和思考,也就是说,描述概念时要用语言,但想象时使用的是语义象征。

克鲁捷茨基提到人的两种不同的思维方式或习惯:语言—逻辑方式和视觉—图形方式。他指出,这两种思维方式的平衡需要不同的"数学思维的角色",它们将决定个人对数学概念操作的性质。他把倾向于语言—逻辑思考方式的学生称为"分析型",把倾向于视觉—图形思考方式的学生称为"几何型"。还有一些学生并不偏爱某一种方式,他称之为"协调型"。分析型的学生在解题时,即使遇到相对简单的直觉方式也会弃而不用,而几何型的学生正好相反,即使遇到相对简单的分析手段时,也仍然坚持利用直觉方式。

生理学上关于人的大脑的左右半脑的理论可以确认上述观点。总的来说,左右半脑是各司其职的。左半脑在语言、数值运算时专门负责分析各种成分,作逻辑推理,而右半脑在空间问题、艺术品位、发挥想象等方面起作用。虽然左半脑似乎同右半脑一样有能力确定对象的欧氏几何的可以命名的性质(点、线、面),但它在确定较难命名的长度、角、空间之类的变换中的拓扑性质的能力比右脑要差得多。

相应于用"直观"的、"几何型"思维方式的具体表现,心理学上有一个"表象"的概念。按照《辞海》教育心理分册上的描述,表象是"在知觉的基础上所形成的感性形象",即人在思想中形成的保持事物的映象。与之有关的概念还有意象、记忆表象、想象表象等。有些心理学家将表象和意象加以区分,形成的表象不一定被全面地理解,而被理解、掌握了的那一部分表象才称为意象。因而,可以认为意象是由表象深化加工而得到的。在数学教育心理学研究中,表象和意象往往不加区别,都指学习、思考过程中的"心理图形",它是既有别于语言又有别于"照相"般的图画的一种思维媒介。

2.1　心理表象的存在性

关于数学对象的内部表象的存在问题,最具有说服力的证据是数学家对自己以及其他数学家的反省式的介绍和分析。

著名的法国数学家阿达玛(Hadamard)在他的《数学领域中的发明心理学》中花了较多的篇幅研究了这个问题。他说,有一次他在估计一个无穷级数的和的数量级时,脑子中并没有该级数的表达式,而是显现出一个长条,并且看不到长条的端点。这个级数中有的项很大,有的项很小,于是长条中有的地方较厚,颜色较深,有的地方较薄,颜色较浅。他认为,上述心理图象是属于视觉范围的东西,它虽然模糊,却代表了一个思考对象,只要不给自己造成错误就行。

另一个更详细的例子,是证明存在比 11 大的素数的思维过程。他用下面的一张表描述了各步骤中的意象:

证明步骤	我的心理表象
① 我们考虑从 2 到 11 的所有素数,即 $2,3,5,7,11$	① 我看到一堆乱七八糟的数
② 我作出它们的乘积 $2 \times 3 \times 5 \times 7 \times 11 = N$	② N 是一个相当大的数,我眼前出现一个点,它远离那堆乱七八糟的数
③ 我在这个乘积上加 1	③ 我看到第二个点,稍稍离开第一个点
④ 此数若不是素数,必定能被一个素数除尽,这个素数就是所求素数	④ 我在那一堆数和第一个点之间看到一个位置

他总结道:"当我埋头于数学研究时,……我头脑中总是出现诸如此类的图象。"

有意思的是,他还指出:"如果我在一块黑板上写下:$2 \times 3 \times 5 \times 7 \times 11$,上面所说的图象立即会从我心里消失。因为此时那个图象已不再起作用了,它自动地让位于我眼前的算式。"

阿达玛的这些例子明白无误地告诉我们,数学的内部表象是与外部表征不同的东西,它们是不能完全替代的两种工具,各有各的特点,各司其职。甚至可以大胆地说,正是因为有独特的内部心理表象,才使思维运转得更加有效。他的体会是:"意象对思维的进行是绝对必要的。"根据他的调查,在数学及其他领域中从事脑力劳动的人中,有许许多多采用思维表象的例子。"几乎所有的人不仅在思维过程中避免使用语言,甚至还避免使用代数符号或任何其他的固定符号",总是运用模糊的表象进行思考。

赫赫有名的大数学家欧拉(Euler)在向瑞典王子解释演绎的特性时,就采用圆来代表一般的概念。如果凡是 A 都是 B,则想象圆 A 位于圆 B 中。如果没有 A 是 B,则圆 A 与圆 B 分离。如果某些 A 是 B,则想象成圆 A 与圆 B 有一部分相交。这样的解释比语言的解释要清晰得多。毋庸多说,对这样的课题,几乎人人都有同样的体会。

这些采用相对直观的思维表象、意象来帮助思考的方法,作为一种实用有效的工具,并不仅限于数学活动中,它实际上已经变成数学发展中的一种倾向。正如希尔伯特(Hilbert)和科恩-弗森(Cohn-Vossen)所指出的:"我们发现,数学研究同其他任何科学研究一样,存在两种趋势。一方面,抽象的趋势是寻求将所研究的杂乱的材料中固有的逻辑关系明朗化,将材料以系统、有序的方式关联起来;另一方面,直观理解的趋势促使更直接地掌握所研究的对象,促进活生生的联系,即强调它们之间关系的具体意义。"

上面讨论的情况大部分是数学家的活动,即成人的活动。那么学生在学习中所使用的表象是否与成人一样呢? 学生的学习有自己的特点,对此我们不能轻易地下结论,需要具体问题具体研究。英国数学家格里菲斯(Griffiths)在讨论数学中的直觉和领悟时曾提出,数学中最常用的思维媒介是数学结构的模型和实例。他认为,对初学者来说,几何图形比代数符号更容易掌握接受。他的结论是:"领悟数学理论看来涉及认识该理论在物理、几何及数学的一些更熟悉、更容易理解的那些部分中的一个模型。"这样的总结可能具有一定的代表性。例如利用数轴来认识不等式 $|x-1|<2$ 的解;用直角边都为 1 的直角三角形的斜边长来表示实数 $\sqrt{2}$;以交代群 A_5 为有限非阿贝尔群的一个例子等等。又如,矩阵集合加上运算可以代表线性空间。

第 17 届国际数学教育心理学年会上,布朗(Brown)等对学生进行数学推理时所利用的意象问题报告了研究结果,归纳出学生常用的五种意象:具体意象、记忆意象、动觉意象、动态意象和模型意象。具体意象是指思维中的图象,如三个三个地数数,思维就出现三根一组、三根一组的火柴棍。记忆意象就是静态视觉意象。学生利用强记能力,在思维中以视觉再现公式、框图、算法等。动觉意象表现为一种肌肉活动。例如,不是利用已有图形来说的解释,而是一定要具体地再现画一个图形的过程。动态意象是在心理上出现移动的视觉意象,如图形的平移、旋转。一个正方体由一个正方形往上垂直移动而形成。模型意象则是抽象的意象,不需利用具体工具,但对能利用这类意象的人来说,这种意象可能仍是相对直观的。

这项研究可能还不是很全面,但它的意义是,指出了学生的意象会不同于数学家或教师的表象。这些意象是学生运用自己比较熟悉的工具,通过各种信息的接受、加工后形成的,往往比定义、定理的文字叙述要形象生动得多,形式也丰富得多。它们可以是学生能够利用的一切形式,具有自身的特点。

一般而言,从认知结构中唤起的概念表象是多种多样的,它可以是一种视觉形象,一个想象的图形或象征性符号、图表,也可以是模糊的一堆东西或一种印象。其主要功能就是使要利用的对象不致忘掉,并能以一种轻松、迅速的方式从记忆中提取出来。而且,在思维操作中,概念以简明、形象的方式表征,可以省下相对多的思维容量,便于思维集中于问题的中心和关键,从而让思维运作更加有效。用笛卡尔(Descartes)的话说:"意象本身不会产生科学,但在某些情况下,我们还是要求助于它。首先它可以使我们的思想集中于我们所要考虑的问题;其次,它还能使我们从沉溺的思想中醒悟过来。""在用推理解决问题时,意象的作用是首要的,因为在把推理过程的结果——罗列之后,就需要记住它们,而记忆可以帮助我们把那些暂时不用的资料贮存起来,但若这些被考虑的资料既不按意象的方式经常在脑海中出现,又不将它们在各个例子中全部奉献出来,那么这些资料就有被忘掉的危险。"

站在数学的立场上看,思维表象与数学对象本身存在一定的差距,有时甚至相距甚远,但是,表象并不像某些人认为的是"表面现象"。心理学方面的深入研究认为,表象并不只是思考时借用的"思维图象",或只是从记忆中恢复出来的直观东西,它还具有更深刻的意义。皮亚杰就曾将表象划分为不同层次的三种类型。儿童最初的表象是由内化的模仿活动形成的。第二种表象是通过基本思想实验来建立的,这时它不仅起代表对象的作用,而且表示了心理上操作活动的发展的阶段或结果。第三种表象已经是思维运算的动态的符号,利用它能够支持和推进思想实验和推理。所以高水平的表象不只是知觉的复制品,不只是对知觉进行简单抽象的结果,它可以超出知觉的水平,在理性的思维运算中构筑,在符号水平上成型,并在这种水平上使用,作积极的再构造。这样的认识可以指导我们在数学教育中进一步研究、开发表象的作用。

2.2 心理表象的特点

从上面所述的例子以及我们自己的经验,可以归纳出数学心理表象的基本特征。

(1) 表象是相对形象的、具体的

例如,数的表象可以是一堆小石子;函数的表象可能是坐标平面中的一条曲线;绝对值的表象也许是数轴上某点到原点的距离。希尔伯特认为,"几何图形就是直观空间的帮助记忆的符号"。它们都有表示简捷、回忆迅速、思维负担较轻的长处,并对认识问题具有增强信心的作用。

数学概念是分层次的,思维的运算性使得数学总要以某些层次上的概念作为对象进行运算,以产生一种新的高层次的结论来。这时,前一层次的形式尽管也很抽象,但相对后一层次,又是一种具体的内容。例如,从一堆苹果中产生数,苹果就是表象。从数转化到字母符号,数是相对具体的内容。由运算进到函数,由函数到函数空间上的性质,前者都是相对具体的内容。因此,数学思维的实例表象常常可以从前一层次的内容中去寻找。如"乘法的不可交换性",矩阵乘法就是一种表象,尽管矩阵概念本身也是一种很抽象的概念。所以,在教学中,我们不能因数学本身的抽象性而向学生过分强调抽象规定,而应恰当地利用相对直观的东西作为概念抽象规定的表象,让学生能逐步地学会利用表象来协助抽象思维。这不应只看作是一种思考技巧,而是帮助学生摆脱机械学习的普遍有效的好方法。例如,数的绝对值概念和相反数概念(特别是前者),对于初学阶段的初中生来说,是比较抽象的。如果学生只是利用字母、数字作思考媒介,便会将这些概念看成是人为强加的法则,因而产生错误。上海长宁区一所中学的教师制作了一个小教具来帮助学生解决这个问题,笔者认为是一个有效的方法。如图2-8,教师在一块长长的矩形木板上标出一根数轴,并将正半轴画成红色,在数轴原点处装上一个可以左右灵活转动的木棒,木棒上设立一个游标。当木棒转向左方,与负半轴重合时,游标标出的是负数。而当木棒转至右方与正半轴重合时,游标标出的是正数。当要判定某数的相反数时,先将木棒上停留在该数所在的半轴上,游标与该数的位置重合,然后将木棒连带游标一起翻至与其相对的半轴上,这时游标标明的数就是原数的相反数,其中只需强调"一定要翻动木棒"这一原则。当要判定某数的绝对值时,先让木棒停留在该数所在的半轴上,游标与该数的位置重合,然后分两种情况处理:如木棒在右半轴上,则游标所在的位置已标出该数的绝对值;如木棒在左半轴上,则要翻动木棒至右半轴,游标所在的位置就标出了原数的绝对值。

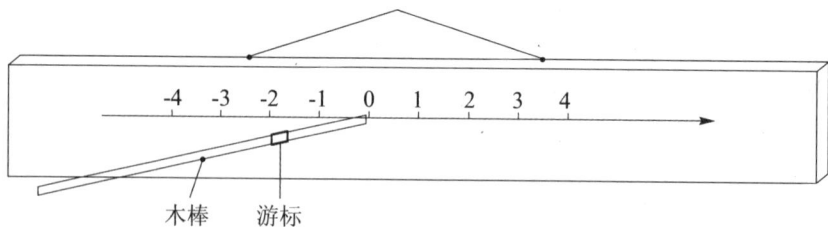

图2-8

这个教具的有效之处在于,它将原先的数字、字母的符号判别变成了直观的、左右方向的判别,向学生推荐了一种非常形象的表象工具。初学的学生看了操作之后,很自然在思想上形成了一个表象。什么时候要改动符号,什么时候不必改动符号,都可由这样一个表象表示出来,依靠脑子里的"木棒"来操作处理,比单纯改动符号形象得多。当然在熟练掌握概念以后这种表象可能会被更复杂或更精确的表象置换代替,但在学生的初学阶段仍不失为一种有效的工具。

(2) 表象具有综合性和整体性

概念表象与概念语言描述的差别是它摆脱了细节,形成了一个总体形象,以让思维能一下子把握住中心与要害,探索到关键性、实质性的东西。在日常生活中,对人的识别就是利用表象。在遇到某人时,我们绝不会去盯住这个人的眉、眼、嘴、鼻细看,从是否分别见到过这些器官来判断这个人是熟人还是陌生人,而往往是通过一下子的扫描,得到一种整体印象后作出判断。所以,有时老朋友的外貌变化很大,但照样可以一下子认出来。这大概就是所谓的格式塔的作用。在一些需要讲究细节的场合或问题中,这样的特性也有体现。高明的棋手能够蒙住眼睛与对手下盲棋,甚至与多位对手展开车轮大战。那么,他是怎么记住每盘棋局的变化状态的呢?实际上在他的心里,已形成了若干张"形势图"。某些关键的棋子在某些特殊位置上,每走完一步就作一些调整。这样的整体图形就是他继续布置兵力的依据。在确定要走某一步前,这样的草图再转入细节加以具体考虑。缺少了总体形势图,就无法把握大局,细节也就无从考虑了。

数学中的情况也很类似。例如用某个实例来表象一个概念,实际上即暂时对定义细节不加细究,以它去代表概念的整个外延,并设法触及它的内涵,作整体性把握。

(3)表象常常有不全面、不精确、不深刻的弱点

按照现代数学哲学的观点,数学不仅通过概括、抽象等方式将现实世界的对象转化成数学对象,而且也根据数学本身发展新的需要,构造出人工的、思维的数学对象。这后一类对象(如矩阵、算子等)在我们的现实生活中找不到与之完全对应的实际对象,因此,在学生的思考中,这些思维对象的表达就成为一个关键。思维表象如何在抽象与直觉之间维持一种平衡,既能比较直观地表达对象,又尽可能不遗漏和不歪曲定义所规定的人工对象的性质,是学习中必须及时解决的问题。

库普曼(B. O. Koopman)认为,"意象只是作为符号,而不是作为图形联系于数学思想的",即表象往往是一种象征性的东西。或者如戴维斯(Davis)所说,它是非词、非图的一种比喻。而比喻总是有缺陷的,因为毕竟不是概念本身。人们只能表象能够理解的东西,不理解的东西也会对人们起作用,但并不能形成正确的表象。表象再正确,也只能是人们对事物的比较准确的描述,并不能使认识发生本质的根本改观。例如,学生运用表象的方式,常常首先以典型例子为工具,进而他们会将典型例子作为普遍的、一般化的结论推广使用。显而易见,这样自然会引出一些谬误来。一些研究指出,采用典型例子时一般有两种类型:

A. 利用典型例子作为判断的标准,直观地判定某一个对象。例如,不少学生得到的印象是,三角形的垂心是落在三角形的内部的。因此,当他们自己作出钝角三角形和直角三角形的垂心分别在三角形外和直角顶点时,反而怀疑自己作错了。

B. 以典型例子作参考,将例子中的非关键属性当作重要因素,试图强加到概念上去。这种例子是很多的。例如,我们用数轴表示实数集,有时也用数轴表示有理数集。学生在表示函数时,便常认为连续函数就是坐标平面上的一条连续曲线,函数的表达式仅有一个公式,等等,于是遇到下面的例子就会产生误解。

$$\text{函数 } f(x) = \begin{cases} 1, x \text{ 是大于 } \pi \text{ 的有理数；} \\ -1, x \text{ 是小于 } \pi \text{ 的有理数。} \end{cases}$$

它的图象如图 2 - 9。

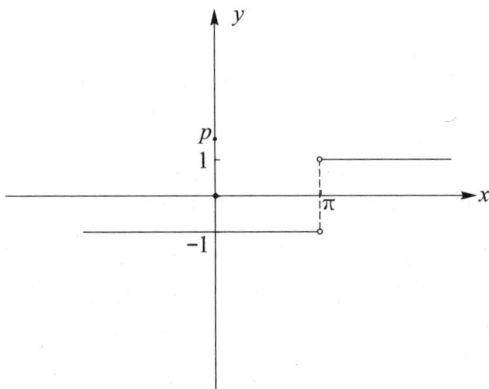

图 2 - 9

　　这实际上是一个在定义域内的连续函数,但由于上述原因,在大多数中学生眼中,它会被当作是一个非连续的函数。

　　另一个熟知的例子是认为:连续函数只能在若干个点处不可导,这是因为在人们的表象中,只要函数是圆滑的,就都可导。而且函数图象在心理上常表现为有限范围内的曲线,因此,处处连续却处处不可导的函数就大出人们的意料。

　　我们当然必须注意,不要让表象的直观性使学生产生错误结论,形成学习障碍,但表象的这个缺点并不应使我们放弃它或禁止它,它所具备的实用价值促使我们要采取积极的办法,既要利用它,又需创造有效手段,避免以偏概全,以个别决定一般,以现象代替本质。

　　(4) 表象有一个发展过程

　　在一个概念的学习过程中,正确表象的形成有一个产生、发展的过程。也就是说,主要的问题不在于学习者的表象的有无与对错。从学习一开始,学生就会努力建构表象,并随着学习的深入,通过各种机会、各种形式对表象进行加工、调整、积累、补充、修改、提炼,有可能出现新、旧表象在思维中共存和表象与概念多对一的情况,也可能以新表象替换、更新旧表象,使自己的表象越来越接近概念本身,在表象的帮助下最后真正建构起完整准确的概念。所以,从数学上看,遇到学生举出错误的实例时,不应简单地认为他的理解全错了。这个实例与概念的相近之处就是它的表象的正确部分,也正是他进一步形成好的表象的基础。教师可以以此为起点,引导帮助学生补充修改,推动他深入建构和理解。

　　(5) 表象因人而异、因事而异

　　由于各人的学习基础、思维加工方式、习惯不同,使用的工具也可能各异,建立的表象也完全可能不同。教师、书本等外部环境可以对学生构造的表象发生影响,但并不会抹去表象的个性化的特性。例如,有人将正弦函数表示为一条正弦曲线,有人用符号 $\sin x$ 来表示它,有人用直角三角形的两边之比来代表,也有人将它视为 $f(x)$ 的一个实例,并且,某一个人可能会在不同需要时用不同的表象来代表正弦函数。好学生在分析、使用某概念时会将表象当作工具灵活使用,常常只需"一闪而过"便达到目的,差的学生就可能不善于利用表象,或沉溺于表象本身,不能摆脱表象的束缚。凡此种种,因人而异,因事而异,这样的差别应当得到鼓励。

3. 表象与定义的关系

数学是一门讲究严谨性的科学,每个概念都必须用语言作精确的定义,只有如此才能为数学理论的发展提供坚实的基础。概念的运用也要求紧扣定义,不添不漏,不偏不倚,数学教材和实际教学也往往秉承了这一原则,带上了这样的色彩,这从教学的角度看是完全必要的。但是从认知的角度讲,人的大脑的运作有其自身的特点。概念的心理表象确实在思维内部扮演着重要的角色,我们有必要合理地认识定义与表象之间的关系,恰当地评价它们在概念理解中的地位,协调它们的功能。

3.1 表象是最活跃的心理因素

在数学教育研究的基础上,维纳(Vinner)和赫升科维兹(Hershkowitz)明确地提出,数学学习中个人内部思维使用的并不限于文字描述的定义,内部信息更多地表示为与概念有关的性质和心理图形的组合,为了突出它们在个人概念结构中发挥的作用,他们称:"将使用'概念表象'这个词来描述与概念有关的认知结构,它包括了所有的心理图形和有关的性质和过程。"

概念表象在心理上有着概念定义无法替代的独特的功效,学习中概念名称的出现是我们记忆的一个外部动因,它唤起了记忆中的某些东西。在通常情况下,它唤起的就是概念表象,是人们头脑中与概念名称有关的非语言的东西,它可以是视觉表象、思维图形,或是一个印象或经验,例如一个模型、一条曲线、一个符号、一组变化的动作。讲到"函数"时,脑海中最先跳出的可能是符号 f,或是某一个公式,也可能是一条曲线。说到"幂集",脑子里可能出现幂集构造过程中的几步做法。这类表象可以转换成文字的形式,但是,"重要的是需记住,这些文字形式不是我们记忆中最早唤起的东西,它们只是在稍后的阶段出现"。也就是说,记忆被唤起时,定义"退居二线"了。

我们不妨回想一下,当我们从广播电台新闻中听到某省某地发生了地震时的情形。除非你从不知道该省或该地在全国地图中的大致位置,否则你的记忆表象将是一幅中国地图上的某一位置,当别人问起地震地点时,即使忘记了确切地名,也能根据"眼前"的一幅地图,说出它的大致位置。

又如,我们有时在谈到某人时,心里非常明白指的是谁,甚至在"眼前"还有他的形象,但却会一下子说不出他的名字,即所谓"名字就在舌尖上"。

这些例子说明,记忆中的信息通常不是逐字逐句的形式,而是"语义象征",它将帮助人们提取和捕获信息的意义。在思想中无法出现词语,或是词语不正确的情况下,语义象征却能不被混淆地显现出来,发挥作用。

数学学习中的情况是类似的。例如,在提到"中位线"时,脑子中出现的不是逐字逐句的定义,而是三角形或梯形中的一条线段。听到"数列的极限",眼前显现的可能是数轴上的越来越密集的点,却不是"$\varepsilon-N$"式的语言描述。得益于表象具体、形象的特点,我们的思维可以运转得迅速灵活,表象是我们心理上最活跃的因素。形成好的概念表象,会对把握和运用概念有帮助。积极地提倡利用表象,发挥它的功能,以减轻思维的负荷,同时抑制它的缺点和弱点,这才是较合理的态度。

这里有一些误解应澄清,有些教师以为,普通人才利用表象,数学家是不用的;还以为,好学生适宜利用表象,差学生不宜利用表象。对于前一个看法,前面的讨论已经分析得很明白了。后一个看法,其实也是误会。也许他们要说,差学生连概念都弄不清楚,再将表象掺杂进去,会越弄越糟。实际上,表象正是帮助理解和记忆的一个工具,差生尤其需要学会轻松思考,避免死记硬背。例如,在讨论二次函数 $y=a(x+m)^2+k$ 的顶点坐标时,有些教师常喜欢让学生"记住":顶点坐标是 $(-m,k)$。有的学生却屡屡出错,将符号搞错,或把 m 和 k 颠倒,实际上我们不应该仅在符号表达式上转圈子,而是应当提供表象记忆的手段,这里的表象就是问题的特例和函数的图象。坐标 $(-m,k)$ 是由特例:当 x 取 $-m$ 时,得 $y=k$ 而来的。x 取值 $-m$,又是从特例 $y=ax^2$ 得到启发的。再结合心目中的抛物线形象,$(-m,k)$ 被赋予了具体意义,就不易弄错。思考有了表象作依托,错了也可以鉴别出来。

3.2　定义是概念建构的脚手架

维纳提出:"获得概念就是形成概念表象,用心学习定义不保证理解。"定义会帮助形成概念的表象,但在表象形成的时候,定义就不是必要的了。在进行关于某个概念的一些推理时,定义并不是活跃的因素,甚至可以被忽略掉。因而可将定义称为概念形成的脚手架,概念大厦建成以后,脚手架就没有保留的必要了。

这一番话的意思在我们看来可能会觉得有点过头了,简直是在贬低定义的作用,但倘若仔细地反省一下,多从学生学习的心理方面考虑问题的话,就会觉得他说得不无道理。恰当评价定义的关键之处是,不要将定义与概念本身等同起来,学生要掌握的是概念,定义则是概念的一种外部表达方式,是认识概念实体的工具之一,二者不应划上等号。

佛多尔(Fodor)等曾经分析了经典的语言理论中一些为人们广泛认可的观点。他们借助不少论据说明,下列观点并没有心理学的根据:"定义决定一个词的外延";"理解了一个词就能回忆出它的定义";"定义对概念及它的组成部分的分解作了说明"。虽然一个词在词典里可能存在"定义",但生活中许多概念并不存在定义。人们依据自己的亲身经历照样能形成概念,并不一定要利用定义。

荷兰著名数学教育学家弗赖登塔尔(Freudenthal)于1987年在华东师范大学讲学时曾经指出,实际生活中,许多概念并不是通过定义学到的,而是接触了大量实例,经反复观察、对比体会后归纳出来的。许多常识概念的确是如此形成的。例如"杯子"这个概念,就是了解了各种形状、材料、大小的盛器,并与碗、缸、瓶等比较、区分后逐步形成的。反之,如果是一个先天的盲人,要他认识"绿色"这个概念,因为没有实例可循,恐怕是非常困难,甚至是不可能的。所以,概念形成时主要参考的是经验现象和事实。

问题的另一个侧面是,在"学术"场合中,情况可能不完全一样,一些概念如果缺少了明白、准确的定义,就有被混淆的可能。正方形和长方形、菱形和平行四边形在日常生活中的概念与严格的数学规定不完全相同。而空间、函数、群的概念,是在数学研究中构造出来的思维对象,不是现实对象,学生缺乏感受,更要利用定义来表达。学术性的定义,目的是要确定概念的内涵,划一条界线,将被定义的事物与其他近邻的事物区分开。所以,学校中的数学教学仍然不能脱离定义。但我们也应清醒地认识到,讲究定义的符合逻辑的严格性是有代价的,在严格性方面有所得,就在客观性方面有所失。定义在逻辑上是正确的,然而它并未因此显示出对象真正的实在性,为了掌握和评价概念,必定需要实在的直觉。例如,当教师说"圆是平面上到定点等距的点的轨迹"时,大多数学生一开始可能不会理解其意思。当教师在黑板上画一个圆时,大家会说,"原来就是这么一个东西",就都明白了。利用定义可仔细分析它的特性,但在提到"圆"时,心目中仍是那个图形。在大学里,定义分数是两个整数的有序对,并在此基础上规定运算法则。大学生理解这种定义,一定会以原先形式的分数作基础对象来思考、想象。在做加法运算时,手里写下的是"$(a,b)+(c,d)=(ad+bc,bd)$",心里想的却是"$ad+bc$是分子,bd是分母,这是通分后得到的",一般不会去死背法则定义,而是沿用"$\frac{a}{b}$"作心理表象来操作,以弥补语言、符号与思考实际之间的差距。

目前的实际教学中,教师往往非常强调概念定义,笔者就多次见到不少教师,甚至一些很好的教师,在课堂上让学生念定义、背定义,考试也时常考定义,似乎利用这些手段可以促进学生理解、解决概念的运用问题。但是,定义在辅助思考中的作用是有限的。只有在不理解的情况下,学生才不得不去读、背定义以应付作业和考试。反之,好的表象的全面把握和灵活运用,真正能体现学生的理解能力。

3.3 概念活动过程分析

总的说来,定义与表象是一个概念的两个面,它们各有侧重,又互相补充,相辅相成,在帮助学生形成和应用概念方面共同发挥作用。定义以语言为途径,对概念作逐字逐句的界定,规定内涵,具有抽象性和严密性。但这对于信息的回忆和实时加工来说,冗长且"啰嗦",限制较大。表象的特点是:利用直观形象为工具,象征性地代表概念,在回忆加工时显得简洁明快,约束较小。它们有各自的不可替代的功能。为了了解定义和表象如何发挥作用,下面比较详细地讨论它们在具有不同特点的概念活动过程中的关系。

首先,定义和表象能够互相影响,互相促进。从理论上看,这是一个长期过程。在学前以及小学阶段,学习概念一般是先形成表象,然后再逐步描述定义,也可能不学定义,即不出现定义。从中学开始,逐渐地重视教定义。教师一般都认为,学生应先掌握定义,然后形成表象,并用定义来控制表象。

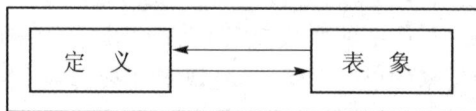

图 2-10

在一般的概念学习和运用中,例如解题时,可能存在以下几种情况。

纯形式的演绎,如图 2-11 所示。例如,用 $\varepsilon-\delta$ 语言定义判定某一个数列的收敛问题。

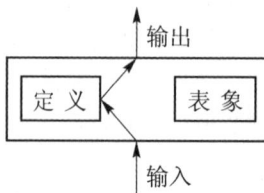 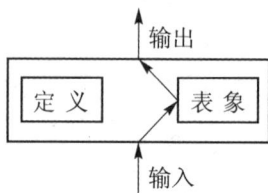

图 2-11 　　　　　　　　　　图 2-12

纯直觉的推理,如图 2-12 所示。例如,发生在美国教育测试中心(ETC)的一次考试中的"大圆小圆问题":有一个大圆,直径为 3,一个小圆,直径为 1,小圆与大圆外切于一点,现小圆贴着大圆作不滑动的旋转移动,回到原先相切的位置,问,小圆旋转了几圈(如图 2-13)。

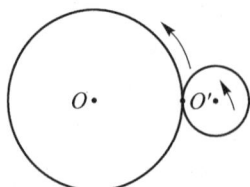

图 2-13

该中心制定的标准答案是"3 圈",然而,小圆实际上是"自转"了 4 圈!这个错误引起了美国公众的注意,甚至有不少人投书《纽约时报》展开讨论。错误的来源是问题的心理表象错了,其中的关键是"旋转"这个概念的把握问题。简单地想象或看一看草图,而未细致地考虑到"旋转"的含义,竟会使专家们也陷入尴尬的境地。

理想的思考过程应当既借助于表象这个直观的思维媒介,减轻思维负担,又参考概念定义,避免或纠正可能发生的错误。我们常讲的"数形结合"的方法,就体现了这样的要求。这类过程可能是图 2-14 所示的四种之一,这些过程从理论上指出了积极发挥概念表象作用的途径。在学校数学教学这样一个特殊的"学术场合"中,合理地利用两类工具,平衡表象与定义之间的关系,能使学习轻松、有效。

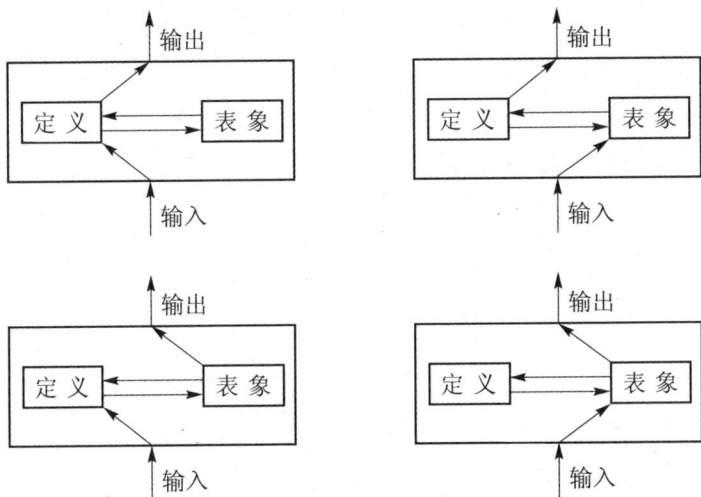

图 2-14

第五节　认知结构中的联系

我们将内部表象之间的联系表示为认知结构中节点之间的联线。当两个对象之间找到某种较稳定的关系,则在代表它们的两点间联上一条线段,线段将若干元素间的特定关系简洁、直观地表现出来,压缩了繁琐的语言,化简了中间环节和步骤,明确了各节点的地位,令人一目了然。

最简单的情况,如算式 $1+(8-3)-16\div(4\times2)$,可以由图 2-15 中的树形图表示。小学里列算式解应用题,中学里列方程解应用题,都可利用这种结构来整理思路。有时,特定关系的联

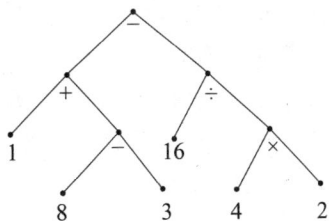

图 2-15

线要加上箭头,表示指向或表示关联与被关联的对象之间的先后关系,如 $f \circ g$ 与 $g \circ f$ 分别表示不同的复合函数,这两个复合函数一般不一样,用结构图表示,如图 2-16。

图 2-16

认知结构中的联线是认知理解问题的入口,是回忆知识的线索,又是指明节点"地址"的"指针"。一个节点上的联线越多,表示它与外界联系越多,进入这个节点的通路也越多。无论是逻辑的还是直觉的联系,连线都将一定的新信息施加到这个节点上,丰富了它的内涵,加强了它的意义,使它成为某个网络中的一员,带上了整体的意义。

1. 演绎关系与直觉关系

有时,我们按演绎推理关系来建立节点间的联系。例如,平面三角中两角和公式、倍角公式、半角公式、和差与积的关系等一系列公式,可以根据公式由来的推导的前后关系,如图 2-17 那样组织起来。

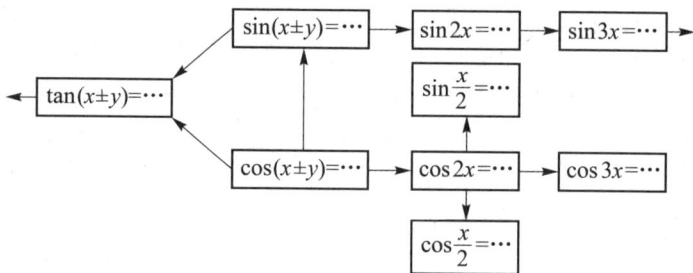

图 2-17

这里要讨论的一个问题:概念之间的关联是否就是逻辑演绎关系? 从数学本身来看,这似乎不言而喻。因为通过推导,从前一概念、公式引出后一概念、公式的存在性或合理性,是数学必须解决的原则问题。但依笔者之见,应考虑问题的另一侧面。从学习心理的观点看,开发各种角度的联系,对于理解领会和掌握运用都更为有利,完全不必拘泥于演绎关系,或者说,逻辑方法只是寻找联系的多种方法中的一种,自觉的、形象的方式不仅不应排除,而且要充分地利用,这样的例子很多,如引导学生从正弦曲线与余弦曲线图象的相似之处,把握正弦函数与余弦函数的关系:

$$\sin\alpha = \cos\left(\alpha - \frac{\pi}{2}\right), \cos\alpha = \sin\left(\alpha + \frac{\pi}{2}\right).$$

人们常用图 2-18 所示的"六角形"来整理同角三角函数之间的关系,这实际上也是一种特殊的结构图。

有时也可以从符号、公式方面发现直觉上的联系,进而得出内在逻辑上的联系,例如,经过仔细观察拉格朗日微分中值定理的公式

$$f(x_1)-f(x_2)$$
$$=f'(\xi)(x_1-x_2)(x_1<\xi<x_2),$$

和泰勒公式

$$f(x)=f(x_0)+f'(x_0)(x-x_0)+\frac{1}{2}f''(x_0)(x-x_0)^2+\cdots+$$

$$\frac{1}{(n-1)!}f^{(n-1)}(x_0)(x-x_0)^{n-1}+\frac{1}{n!}f^{(n)}(x_0)(x-x_0)^n+$$

$$\frac{1}{(n+1)!}f^{(n+1)}(\xi)(x-x_0)^{n+1}(\xi 为 x 与 x_0 间的某一确定值),$$

从它们符号表达的形式上的类似之处,可以总结出前者是后者的特例这样一种联系。

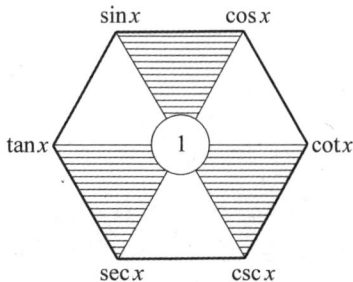

图 2-18

2. 关于逻辑层次关系问题

认知理论认为,学习的基本原理就是建立新旧知识间的联系。的确,我们都已意识到,新知识的获得、新概念的形成,总要以已学的知识为基础进行组织和构造,新知识的基本成分须是已有知识中的一些元素。奥苏贝尔(Ausubel)的思想更侧重于知识之间的逻辑包含关系。在解决建立新旧知识联系问题时,他以概括和抽象程度作为衡量标准,确定了三种联系方式,即上位关系、下位关系和并列关系。上位关系是指包摄关系,新知识在抽象概括程度上高于旧知识,包含了旧知识,处于总括地位;下位关系则正好相反,新知识从属于旧知识,是其一部分或一种特殊情况,处于类属地位;如果新旧知识间无包含或被包含关系,那么就是并列关系。这样,从理论上为学习过程中的知识赋予一种逻辑的"序",也提供了理解和组织的途径,形成了三类不同的学习,即上位学习、下位学习和并列学习。

奥苏贝尔(Ausubel)上述观点注重知识之间的逻辑层次关系,对数学学习来说是令人满意的。实际教学中,我们参照三种关系,帮助学生分析、认识新旧知识的相对地位,能给学生一种知识的有序排列的意义,提醒学生减少认知的盲目性,能在很大范围内促进概念和关系的领会,所以它也是比较适应数学教学的。例如,几何教学中的四边形内容采用了下位关系与并列关系结合的方式,建立了如图 2-19 所示的联系:

但奥苏贝尔的分类是理想化的,他提出的上位、下位关系在数学中并不总表

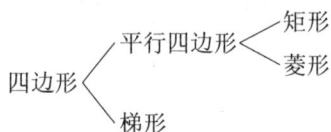

图 2 - 19

现得那么清晰。而且,由于数学本身存在逻辑结构,两个不同专题之间的推理链锁,可能使我们忽视了原本存在的某种层次关系。三角形中位线与梯形中位线定理,原来分属于两个课题,可能组织在不同的认知结构中,但这两个定理的相似性最终可以使两个结构的这两个节点横向"节外生枝",建立起联系,并且可以理解为上下位的层次关系。由此我们也可以体会到,知识之间的联系同样不必局限于层次的联系,多种方向上的联系都应加以开发。

结合信息加工理论的组块组织的观点,我们有必要注意,多从上位或下位关系来组织知识,尽可能避免随意地按并列方式组织,并不断对已有知识的并列联系加以改进或改造,将有利于知识的理解和加工处理,因为这样能减少独立的知识组块,并加大已有组块的容量,达到简约组块的效果。

第三章　数学的理解

第一节　对数学理解的理解

现在大家都在讲理解,并且普遍认为,只有理解才能算学好数学。然而这里首要的问题是我们怎样理解"理解"。有人认为,会使用知识才叫理解。有些人提出,当学生能够利用自己的语言来叙述一个概念或原理时就有了理解。也有人将理解解释为一系列水平的层次,例如:了解、领会、掌握、熟练应用等等。这些说法的共同点是,理解需要有一个外在表现的评定。学生思想内部究竟发生了什么,仍未加以重点解释和说明,这些观点基本上带有行为主义的色彩。比较好一点的说法是,认识了概念的本质和原理才算是理解。现在的关键是,我们需要进一步就理解的内部机制和过程进行说明,使"理解"所含有的内部要点,即内部发生了什么或内部应该做些什么,可以比较明确地把握,以指导学生的学习,诊断学生的错误,有利于教学方法的改进。

利用认知结构的观点,我们认为,学习一个数学概念、原理、法则,如果在心理上能组织起适当的有效的认知结构,并使之成为个人内部知识网络的一部分,那么才说明是理解了。其中,所需要做的具体工作就是寻找并建立恰当的新、旧知识之间的联系,使概念的心理表象建构得比较准确,它与其他概念表象的联系比较合理,比较丰富和紧密。

1. 理解必须要有一定的心理基础

奥苏贝尔曾经指出,从教育心理学最基本的原理看,影响学习最重要的因素是学生已经知道了什么。在学习一个新概念之前,头脑里一定要具备与之有关的准备知识,它们是支撑新概念形成的依托。并且这些有关的概念结构是能够被调动起来的,使之与新概念建立联系,否则就不会产生理解。所以要使新旧知识能够相互发生作用,建立联系,前提就是要有相应的基础图式。例如,学习复数的概念,除了要用到正、负实数和方根等基本的数的概念以外,还必须要具有多项式及其运算的概念。因为，$a+bi$ 需要类比于 $a+bx$，它不能再进一步相加得 $(a+b)i$ 或其他形式，故 $(1+2i)+(3+4i)$ 只能作"同类项"合并。

学生常常在我们称为"教学难点"的地方出错，仔细分析一下就会发现，这种情况常常发生在教学过程中知识的不连续处，或是一个特殊知识系列的起点处，例如算术与代数、数字与字母、平面与空间、常量与变量、有限与无限等衔接处。在这些教学内容的跳跃处，学生学习所需要的准备知识，即认知结构中有紧密关系的知识点，对新知识的支撑比较薄弱或根本上就是不存在的，于是就会引起学习问题，例如，数列极限概念的掌握就是如此。由于学生以前可能从来没有遇到过"任取"、"存在"、"$n>N$ 时"，这样的说法表示的实质含义对他们来说是全新的，那么即使搜索所有长时记忆也找不到与新概念建立紧密联系之处，初学者又怎么能轻易地将这些要素组成一个概念结构来掌握呢？所以现在不少大学采用以分散难点为原理的教学方式，分两步走，先让学生算一算 ε 和 N，让他们逐步地将一个个难点与心理结构中的有关内容分别加以联系，过一段时间后再综合成以"$\varepsilon-N$"为语言的定义的理解。这样，层层铺垫，就可以达到理解的目的。又如，几何中"点"的概念，在绝大多数教材中是一系列几何概念的起点。在这种情况下，它的准备知识是什么？事实是，如果头脑里没有真正的几何认知结构可利用，学生就会自然地利用头脑中的日常知识图式来比喻它，将它解释为直观的"点"，如一滴墨水滴在纸上的痕迹，一枚针的针尖，等等。这种直观对象和思维对象的相似而又不相同，有着本质差别，仅用自然语言难以讲清楚，这就有可能埋下误解的种子。有些教科书的编者另辟蹊径，将"体"作为几何概念的起点，由此来引出面、线、点等概念，这样做的好处是：体的直观对象与思维对象的本质性差别不大，在理解时可以利用认知结构中已有的直观图式作心理依托，达到建构意义的目的。所以要让学生达到确切的理解，关键是要能帮助学生准备好已有的认知结构，以便组织起新概念。如果他们缺乏当前必需的结构，就需立即补充，而且要达到一定的稳定程度，否则理解就很难进行下去。

2. 理解必须要选择和调动起相称的认知图式

在建构新概念或建构新概念的意义时，所利用的认知图式必须是正确的、适当的，即相称的，否则就会引起误解。例如，学生写出 $(a+b)^3=a^3+b^3$，是因为他们将等式两边的问题归结到"分配律"这个认知结构中去了。

因此，要形成正确的理解，并非是靠感知或读通概念的定义就可以的事。在头脑中做信息加工的时候，被调动的内容将经过监控系统的比较、判断和甄别等复杂过程的过滤，而且需在形式上做一定的处理。这里，涉及达到理解所需的心理机制的问题。按照心理学的观点,其中最基本的机制是同化或顺应。

同化和顺应是心理学的两个概念,用皮亚杰的话来说,"刺激输入的过滤或改变叫做同化;内部图式的改变,以适应现实,叫做顺应"。通俗一点讲,信息处理时利用头脑中形成的图式,对知识进行取舍、改变的过程称为"同化"。在没有现成的图式可以直接利用时,则设法调整或改造自己已有的图式,或是设立新的图式,使之能够接纳新信息,这样的过程称为"顺应"。同化和顺应应以图式为基础实现其功能,同时又让旧图式得以更新、充实和发展。显然,顺应要比同化复杂。比如,在一般的"距离—速度—时间"概念中,知道其中两个量,求第三个量,只要利用乘法及除法结构就可以了。这里就主要用到了"同化"过程;而要理解"距离差—速度差—时间差"或者"距离—速度差—时间差"概念时,不仅需要利用上述"距离—速度—时间"关系,而且需要在心理上作一番调整和识别,才能弄懂。这就经历了一个顺应的过程。在通常的认识过程中,同化和顺应总是相互补充,共同发挥作用。数学教育心理学的一些研究认为,在数学学习中大部分过程是顺应过程,这也是数学难学的一个因素。

3. 理解是一个信息或要素组织的过程

我们都知道,学习过程只能按时间顺序先后安排,但理解却并不是直线式的简单累积,相反,它是螺旋式地发展、结构式地建造出来的。对于数学来说,无论是概念结构的形成,还是一个专题的整体知识结构的产生,都必须经历一个建构的过程。皮亚杰曾从哲学的角度指出,"每一个结构都是心理发生的结果,而心理发生就是从一个较初级的结构过渡到一个不那么初级的(或较为复杂)结构",而记忆模仿则是没有建构的活动。

简单地讲,理解式的学习牵涉到两个方面的建构,一是处理新、旧知识之间的联系,产生一个新、旧知识之间的特定概念关系;二是组织起相应的关系结构,以利于新概念的存贮和记忆。

从一个概念的形成看,就是从若干个已有的适当的认知结果中萃取相关的要素,组织起来,并确定这些要点之间的特定的联系方式。代数和的概念就是以算数和与算数差这两个概念作为组织的基础,并且要先做一个心理上的顺应,将减法调整为加法,这就是我们常说的"减去一个数等于加上这个数的相反数",然后将两个基础要点组织成"代数和"这个新的概念。

关于函数 $f(x)$ 在点 x_0 处连续的概念,绝不会是按照定义的陈述顺序,将 ε、δ、$|x-x_0|$、$|f(x)-f(x_0)|$ 等要素依次排列起来就能产生理解的,而是要分别弄清它们在情境下的特定含义,并根据定义陈述背后蕴含的内在意义,搭起一个很复杂的结构,如图 3-1 所示。

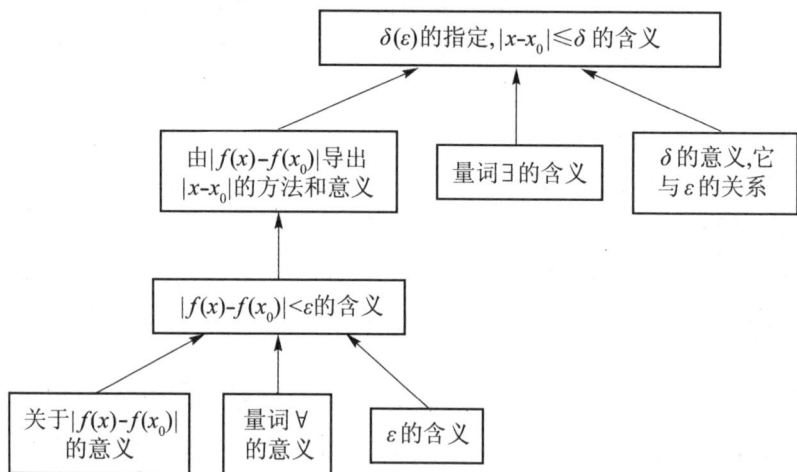

图 3-1

当然,学生通常不一定会具体构建出这种完整的形式结构,但对内容上的结构性质的关系,则是必须体会和把握,才能达到领会的。

4. 理解需要认知结构的再组织

如果说单个概念的形成是一个心理上的组织过程的话,那么学习中更为重要的是心理上的再组织过程,这是一个对数学来说至关重要的过程。如果没有再组织或调整,那么较深入的理解是不可能达到的。比如,函数的概念最初是按照"变量说"的定义组织的,后来,学习了"对应说"的概念定义,对函数的理解就必须作一个调整,例如,函数是 f,而不是 $f(x)$。定义域和值域的范围也要作恰当的推广。这样,原先的认知结构,即函数概念的图式,需经历再组的过程,以达到新的水平的理解。

随着学习的展开,知识的增多,数学的知识又需要作进一步的组织。这种组织是一个专题内或几个专题之间的或密切或松散的关系结构。比如学习一般的工程问题,可能会组成一个"工程问题"的图式,但一旦与行程问题对比后,可以发现两者的基本要素有本质上的类同,实质上可以归为同一个结构,使知识的组织得以简化。然而思维的建构工作又不是两类概念的简单合并,需把握它们之间的异同、相关性质等等。又如,上面关于函数连续的概念,我们需要将它与函数的概念进行比较,与之建立某种联系,还要与后来的一致连续的概念比较和联系,使它能逐步嵌入到不断扩大的理论体系中去,找到适当的位置,成为其中的一个成员,这样才能看清它的起源和走向,认识它的地位和作用。总之,理解过程中,认知结构始终呈现一种动态的特性。

也许有人会认为,学生的学习就像是传统的盖房子过程那样,将一块一块的砖并排砌起来,再一层一层垒起来,结构就会自然形成,零碎的知识将能自然地发展成大的概念。学校里的课程内容在表面上也表现为这样一种形式。事实上,如果仅仅要采用"砌砖"方式来学习的话,他们就会只见树木不见森林,很难达到一定的深度。学习从本质上讲是一个体验的过程,需要靠实践来逐步体会其中的意义。初步的体验未必没有意义,但通常比较肤浅,比较狭隘,比较片面。在建构认知结构的情况下,不言而喻,"体验"只起到一个很次要的作用。(Piaget,1986)借助于内部结构的再组织,将能使思维对对象的把握达到一个理性的阶段,进展到一个更深入、更全面、更广阔的程度。比如,你来到一个从未到过的城市,住进一家旅馆后,想到某处(A)会一位朋友,问路时,别人会告诉你怎样步行过去:往前走,往左拐,往右拐,再往左拐,再往右拐,往右拐,等等,结果可能会形成一个如下的结构图:(见图 3-2 中的实线)

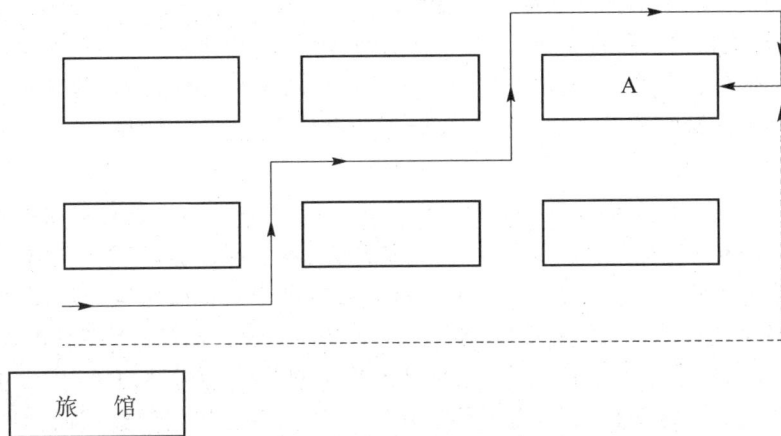

图 3-2

这个结构是以经历的时间先后顺序为线索的,用这种方式记忆事物称为"情节记忆",其特点是以个人活动的经验为依据。按照这个结构,你要回到出发点就可能遇到麻烦,因为只对各个部分有局部印象,有碍于恰当的思考、掌握和处理。如果能够以再组织的思想去寻找特定情境中的关键因素,用全局的或相对全面的观点来审视问题,将情境的因素作重新安排、重新定向,将使各个局部的功能和地位发生改变,也使整体结构的含义发生变化,从而会发现更合理、更简捷的虚线所示的步行路线。这时,你不只是找到了先前不知道的好结论,有了多条路线,而且使自己在全新的更普遍的意义上把握了情境。事实是,初步的结构可能很模糊,不太合理,重新组织结构就能使结构明朗化、组织合理化,开发出深层次的意义来。

学生在数学学习中也往往会自发地采用情节记忆的方式来记忆和把握数学内容,例如在一个局部专题中按所学的先后次序,或是按逻辑推理顺序建立结构的关系,一些教师也特别重视按演绎推理关系来联系数学结论,但是实际上,数学概念之间并不是那种"一脉相承"的线性关系,而是"相辅相成"的关系,不能只靠前面的概念来理解后面的概念,后面的概念同样能帮助理解前面的概念。数学中每一个概念,从本质上说都是嵌进了某些概念体系中,它从一些基础概念中得来,又为建立别的概念作基础,因此它总是概念结构网络中的一个节点,与其他概念存在着包含、从属或并列关系。理解一个概念不仅要懂得其本身规定的内部的联系,而且要从它与其他概念的外部关系中去理解。例如,理解绝对值的概念,要依靠正负数、相反数的概念,而绝对值概念形成后,反过来又能加深对正负数、相反数的理解。又如,微积分学中由拉格朗日定理推得柯西定理,柯西定理又推得泰勒公式。当回过头来看时,又会发现拉格朗日定理就是泰勒公式的特例。在这时,又可以从整体上对三者有更深刻的认识和理解。所以数学学习中的理解应解释为对已学东西的意义不断地加以更新、改造、整理和重组的过程,为形成更合理的结构,从整体内部进行正、逆向交叉、跳跃式的联系,从整体中认识局部的、孤立的概念之间的内部联系,通过表象的更新、新联系的建立、旧联系的调整或抛弃来影响总体或局部结构的进化,甚至革新,形成联系更丰富、更紧密、更融会贯通的知识网络。

学生要能够在理解过程中进行结构的再组织,其必不可少的机制是心理上的反省思维。所谓"反省",也称"反思"。在普通情况下,我们以外界的事物和过程作为思维对象进行思考,而反省思维的对象恰恰是本人自己所做的过程,而不是"客观"对象。自己做了某一件事,然后"脱身"出来,让自己以一个"旁观者"的姿态,换一个角度来考虑所作所为,把自己的思考过程作为考察对象,然后加以调整、改进或提炼,这就是"反省"。反省是以自己的行为为思维对象,因此将产生高一层次的思维成果,达到对象的重新组织,所以它是具有一定抽象水平的思维活动,其中包括了反省意识或反省的方法。杜宾斯基(Dubinsky)等人认为,反省抽象有两种基本形式,一种是通过几个结构,反省到更一般的高一水平的结构,另一种是通过对已有结构的反省,构造出不同于原来的新结构。学生可能要达到一定认知水平才具有这种能力,运用这种机制去认识数学理解的特点和方式,因此需要在恰当的阶段加以有意识的培养,以利于学习的发展。

数学教学中给学生过重的负担,与数学理解的这样一个特点是背道而驰的。现在我们常见学校中老师布置大量习题让学生去做。有时一个课时后学生要花两三个课时的时间去做家庭作业。表面上看,学生一直在动手动脑,可以得到促进,但是从数学理解的认知分析中我们可以看到,"做"不一定能代替学生的"想",反省需要时间。在学生被作业压得喘不过气的时候,所要处理的几乎都是直接面临的经验性任务,怎么能有机会来反省自己过去的思维,根据自己的状况改进组织知识的方式,深入寻找知识间的内部联系,达到更高水平的理解呢? 当得不到知识重组机会的时候,学生所具有的现有的认知的结构就无法获得改善和提高。因此,过重的学业负担不仅不利于学生的理解,反而会阻碍学生的理解。

第二节 理 解 的 作 用

学习数学要依靠理解,这一点得到绝大多数人的赞同,几乎不会有相反的意见。然而从学习过程看,可能理解式即图式(结构)化的学习要比机械式的死记硬背要花更大的功夫和更多的精力。按照斯坎普(Skemp)的研究,尽管图式化的学习要花更多的时间,但是它的效果要比机械式的学习高出两倍。理解式学习究竟有什么好处,能达到怎样的效果呢?

1. 理解可以推动迁移

迁移是心理学理论中的一个概念。根据邵瑞珍等主编的《教育心理学——学与教的原理》中的介绍,迁移本身存在着好几种解释。最初,迁移称为先前的学习对后继学习的影响。而后,由于考虑到后继学习也可以反过来对先前的学习产生一定的作用,所以将迁移定义为一种学习对另一种学习的影响。由此,按时间顺序分为顺向迁移和逆向迁移,顺向迁移是指先前对后继的影响,逆向迁移则指相反的情况。迁移还有正迁移和负迁移之分。如果一种学习能促进另一种学习,就是正迁移。反之,如果其作用是干扰或抑制,那就是负迁移。

通俗地讲,迁移就是能够在新的情境下运用已学的东西。学习了一种方法,能应用于作业中解决问题;学习了一个定理或公式,对前面学过的某一课题产生新的理解,这些都是正迁移的例子。从根本上看,学习不只是要知道某一部分知识,而是为了使用,让其能在新情境中发挥作用。这里所讲的使用,不仅是指能用于解题,还指知识理解上的相互影响。学而不用,等于没学;学了不会用、无法用,与没学也没有很大差别。例如,让小孩子背一首唐诗,如果他并未理解其中的含义和意境,几天后让他再背一遍,就不能称他有了迁移,因为其中没有使用的因素。只有当学习的东西发挥了新的作用,才是形成了迁移,所以,教学界曾有"为了迁移而教"的说法。而且,一次学习总不会是孤立地单独地存在的,它总要受到其他学习的影响,并同样会影响到其他的学习。因此,教学中必须要考虑的是怎样才能形成和推动学习的正迁移,避免负迁移。

从认知结构的观点来解释理解,那么知识之间网络结构的建立与改进是理解的内部活动。这实质上就为学习的迁移提供了潜在支持,因为理解就是建立更好的表象以及表象之间更好的、更多的联系,这为学习之间的相互影响打下了基础,或者反过来说,迁移也正是需要在联系中对其他学习发生影响,产生功能。经过理解过程中的对相关知识、方法等的异同进行比较、辨别、分析、提炼和抽象,从而打破了原以为无关的知识、方法之间的藩篱,为迁移创造了先决条件。

莱弗(Lave)认为,学习的进行总是起源于一个特定的背景和情境,这些背景和情境包括知识、方法引入的条件、发展的过程、有关的具体例子等,同时也包括学习过程本身的展开过程。例如老师先讲什么、后讲什么、举过什么例子、学生自己做了哪些练习等等,这些活动不可避免地都镶嵌在一个特定的情境中,对学生个人发生影响,使他的学习迁移囿于一定的范围,只能在受限的范围之内寻找意义,发挥功能,而建构性的理解活动将突破那些限制,组建生动的表象和表象之间丰富的联系,在结构内部或更大的范围内以及结构之间寻找深层次的意义,因而能发挥知识方法的潜能,带动迁移的进行。

2. 理解可以促进记忆

因为我们将学习看成是建构,那么,将信息处理成能够记忆的形式也就是一个建构和再建构的过程。所以,记忆不是被动的对所得信息原封不动地接受、存贮的过程,在信息处理过程中,理解及建构意义的工作主要涉及三个方面。首先,须将原始信息改造成适应个人认知结构特点、便于存入和提取的形式,因此,建立的概念表象对自己越熟悉、越精致、越准确,就越记得住,也越容易提取。其次,新知识节点与其他节点的联系越多,该节点的入口就越多,经由这些通道进入该节点的机会也就增多。再次,在新、旧知识的节点的联系中,本质性的联系越多,准确性越强,这些联系就越紧密和牢固,甚至可以大大减少中间联线的数量,这样,经由其他节点激活该节点的可能性越大,回忆必然越方便越迅速。所以,当个人在处理信息中对新知识建构了理解以后,就加强了知识联系的广度和深度,从而提高新知识的极易获得性。

如果某一个知识点没有得到理解,那么,它将只能单独地、孤立地存入记忆中的某个地方,并占用一个记忆单位。由于工作记忆容量的有限与狭小,显然这是不利的。而当一个知识点获得理解以后,它就与其他相关知识一起被组织起来了,换句话说,它就进入了某一个组块,成为其中的一个有机组成部分,以一个网络中的一员表示出来。而网络的结构越强,需要单独记忆的东西就越少,相对而言组块数量就越少。更进一步看,随着理解的深入,网络内部可能得到简化,网络与网络之间的外部联系又得以加强,一些网络能进一步组成新的整块,使整体结构获得简化。这样一来,记忆负担得以减轻,信息的提取也更加方便。

3. 理解可以影响信念

学生在数学学习中所进行的活动将决定他们怎样看待数学学习以及他们对数学本质的认识。如果我们要求学生在学习中只是模仿和记忆,只是训练和操作,那么他们就很可能会把数学内容看成是一个个没有关联的定理和法则,而且这些法则是由教师或课本人为设定的。学习数学,就是记住这些法则,并直接运用到一个个具体的题目上。反过来，如果我们要求学生理解数学，建构数学结构，寻找知识的联系，那么，他们在思考、理解的过程中会渐渐体会到数学是一个有紧密内部联系的整体，网络内部和网络之间的联系将数学组织的非常有条理，这些联系是可以通过自己的努力去探索、尝试性地建立起来的，与此同时也建立起比较正确的数学观及数学学习观等信念。显然，这些信念将会促进他们对数学内容、方法的理解和掌握。又如，当学生对数学的概念的本质及关联有了理解，对数学方法的运用有了体会，那么他就会对数学及其应用产生兴趣，想要进一步学习更新、更深的东西，就会形成较好的动机。所以一旦抓住了学习的关键——理解，或者说能让学生的学习达到这个水平，那么就能促使学生产生正确的信念。

第三节 理解是进行中的动态过程

传统的观点认为，理解是学习的结果，是取得的成果，是一种终结的状态。认知建构观点提出，理解是认知结构的建构和知识意义的建构。这给理解以至"学习"赋予了崭新的含义。

1. 理解是一个"谱"

理解是一个由学生自己积极构造的过程。这个过程有发生，也有发展。学习者要根据教师或课本提供的信息，寻找自己思想中已有的适当的知识材料，尝试建立一个初步的结构，然后，在练习、解题、复习等情况下做反省或检验，加以调整、更新，进行再组织，并继续寻找与其他知识组块的联系，将其融入到更大、更高效的结构中去。因此，理解不是接受现成的结果或是获得知识的最终状态，而是一个动态的、发展的过程。

例如，在学习乘法概念时，我们将乘法视为连加。因为它需要建立在加法概念之上，所以就会很自然地运用层次的概念，来理解乘法与加法之间的关系（图3-3）。但是当后来全面地看待四则运算时，思维的调整会使我们对这两个概念

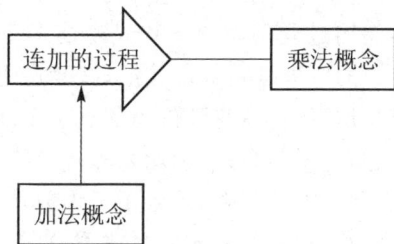

图3-3

"平起平坐"地理解(图3-4)。到后来,这些概念将会与代数结构中的一般性的乘法,与微积分中的微分运算、积分运算一样被"平等"地看待,都是算子概念中的一个实例。

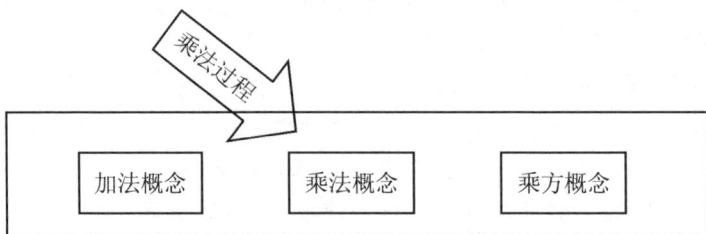

图3-4

　　斯坎普在1976年提出了一个观点,将理解划分为"工具性理解"和"关系性理解"。工具性理解是指知道法则但并不懂得其理由,而关系性理解则是我们平时所讲的知道怎么做又知道为什么这样做。斯坎普的这个观点在方法上打开了研究的思路,使人们认识到不应将理解看成是一个单方面的,要么是对、要么是错的东西,而是一个有丰富内涵的,多个侧面、多种成分,应加以剖析的"谱",是一个"范围",一个"系列"。然而一些人并不赞同斯坎普的具体观点。例如,汤姆·基伦(Tom Kieren)提出,"工具性理解"认为学生可以知道如何做而不知道其理由,这是不确切的。以建构观点看,学生只要经过自己努力,总是能在某些层次、某种水平上知道为什么的,所以,理解不是全对、全错的结果,也不存在全有、全无的两个极端。学习与理解不能截然地分割开来。换句话说,任何学习都将带有一定程度的理解。

　　在一般情况下,学生的每一步学习都尝试建立自己认为可能恰当的意义,并在随后的学习中接受检验,不断修正,在由下至上、由上至下的往复中反刍,在元素与元素、元素与内部、局部与整体之间不断进行评价和解释,使结构日趋完善,准备接受更高层次的检验,并作调整,这样的过程是不可能一次完成的,而是要经历多次的建构和再建构。

2. 理解是螺旋式发展的

　　按照皮亚杰的观点,建构过程的发展方式是螺旋形上升的,这对数学教育颇有启发。实际上,数学体系的发展就是螺旋式的、往复递进式的。以数系为例:一开始有自然数,在其上施行运算,自然数理论内部有了发展;为在实际中能使减法通行,产生了零和负数概念,有了整数系;为能表示等分物品的数量,产生了分数、小数,有了有理数系;为实现开方的需要,产生了无理数;再扩充又有了实数系;为解一元二次方程,产生了虚数,数系又扩充到复数系;直至为了理论的需要形成四元数。所以,数系的扩充,是一个逐步揭示和解决矛盾的过程。从基本的自然数系开始,在基础上面建设一层,就发现基础需要加固一层;加固后再往上建一层,又需要回过头来重新加固基础。这个过程就是,每往顶端建一层,常常要对基础进行加固,如此往复循环,螺旋形展开,整体开放式地向更大的整体发展。又如积分概念,由于数学内部的发展需要,有一个从连续函数积分定义一次次地推广,直到包含不连续函数在内的函数积分的过程,经历了柯西、狄利克雷、黎曼、勒贝格、斯蒂尔杰斯积分等好几个阶段。以更广一点的眼光看,整个数学的发展是类似的。数学发展史上三次危机的产生,关于数学基础的讨论,就是由数学体系的发展提出了加固基础的要求,所以人类对数学的认识,包括学生对数学学习的理解,实际上不是直线发展的,不应当要求他们在接触某一个专题的阶段时间里一次性地完成,而需要在认识向前发展的过程中时常返首回顾,为认识新的数学内容而重温已接触过的东西,逐次地拓广或更新自己的理解体会,通过螺旋形往复式的认识和再认识,作进一步的同化和顺应,以适应全面深刻地掌握认知对象的要求。

数学基础理论中,有一条著名的哥德尔定理,给我们以认识论上的启示。依照该定理,一个形式的数学系统,即使是最基本的算术系统,如果它是完备的,就一定是不相容的,其中必存在着既不能肯定,也不能否定的命题,即它包含了无法确定真伪的命题。因此,一个完备的、相容的数学体系,不能只靠它自己的或较弱的手段来证明该体系的无矛盾性,而需要利用在这个体系基础上发展起来的高级体系中的更强的理论。就学习、理解而言,它有明确的指导意义,它说明了数学体系、数学整体不是封闭的,对于某个整体中的一些概念、命题和法则,仅在整体内部理解是不够的,必然要利用专题以外的内容来帮助理解,需要到更大的范围中去寻找启发领悟的契机。

总之,当一个结构还未放到一个高层次或更大结构中检验时,它总是不完善的。新的层次和情境将对原有结构提出新的建构的要求,产生深入理解的动力。按照汤姆·基伦的提法,理解是一个进行中的过程,它是来回往返地逐步递进的,其发展是持续的,而且不会存在终点。讲得绝对一点,理解只有深浅之分,只有改进,没有彻底的完善,用罗姆伯格(Rombery)的话说,"事实上,没有一个人会完全真正理解像数学中某一个范围里的特定的、相关的一套概念,总有新的概念、新的东西要弄懂"。

这个观点对当前的素质教育有积极意义,为看待学生的学习水平提供了新的观念。例如,任何一个学生的理解过程都存在着可取之处,即使在一个差生的一个错误的表现中,也可以在他的内部建构中看到一定的进步,应给以鼓励。

第四节　数学理解发展的一个理论模型

　　关于数学学习中理解的产生和达到，中外曾有过不少理论性的研究归结，提出一个个不同的解释。在这些各有特点的模型中，由英国的皮里(S. Pirie)和加拿大的基伦提出的数学理解发展的理论模型，有一定的深刻性和新意。这个模型以认知的观点强调理解是一个进行中的、动态的、分水平的、非线性的发展，是反反复复的建构组织过程，是以认知观点比较全面认识数学理解的一个好理论。

1. 理解的八个水平

　　两位学者认为，一个数学概念的理解，可以划分为八个水平，它们分别称为：初步了解、产生表象、形成表象、关注性质、形式化、观察评述、组织结构、发明创造。这八个水平的关系，可以用八个嵌套的圆来表示(图 3-5)。

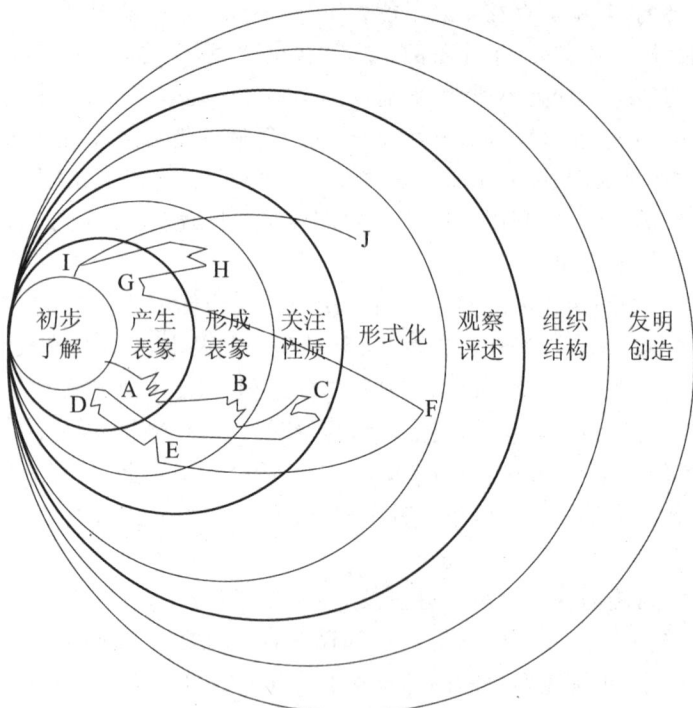

数学教学心理学

图 3-5

　　它们的含义分别是：

　　初步了解　指了解概念的有关方面，例如语言的提法、个别的例子、一定的推论。他们特别指出，这一水平的理解是指初始的思考活动，但并不一定是低水平的活动。

　　产生表象　能根据先前的了解逐步产生（可能有错的）表象，归结出它的特征，并以新的方式运用。

　　形成表象　这一水平活动使学生能有好的表象，能脱离产生表象的活动而使用它。

　　关注性质　该水平的理解表现为能够利用并组织概念的若干表象的几个方面，构造出独特的、相关的性质。

　　形式化　学生能从以前的表象抽象出方法或是常用的特性，并根据有关性质建立形式化的数学对象。

　　观察评述　能够将概念、性质形式化的学生就也能反省并协调这样的活动，将这种活动结果表示成定理。

　　组织结构　学生能将形式的观察评论转化为定理法则，了解了一组定理间的相互关系后，通过逻辑等方式验证或证实它们。

　　发明创造　在这一水平，学生有了全面的结构性的理解，因此能产生、形成其他新的概念、新的问题。

　　这里的"了解"、"产生"、"形成"、"观察"、"组织"等主要是指人的内部思维的心理"行为"，而不是强调"外显的"行为，当然，要检验学生是否达到某一水平，还是需要利用学生的外部表现来鉴定，但是这不是看学生的答案是否正确、得多少分数，而是要利用观察、谈话、倾听等方法仔细地了解、分析他们的思维过程，从多方面的信息中作出综合判断。

　　这八个水平的理解，用二维的形式来描述，目的之一是要表明它们不是单向发展的过程。这一组嵌套的圆强调了相互关系。每一个圆包含了前面的小圆，又包含在后面的大圆中，可以逐步拓广。理解过程中的具体活动在其间可以前后来回移动，以表明理解是一个动态的、组织的过程。

　　虽然八个圆代表了八种水平，但这些水平主要是表示内层和外层的差别，而不是强调水平的高低之分，这一点是容易理解的。例如，学习了小数概念以后，再学习分数概念，分数概念的"初步了解"就是最内层的水平。实际上，这个水平可能是由小数概念的两三个内层水平构成的，因此就不一定是低水平的"初步"了，这一点主要是想表明每一水平都具有重要性。

2. 模型的三个特点

　　皮里和基伦认为，每一个理解水平内部存在着达到和推进理解的两种要素性活动。一种是学生在这一水平上的实际组织活动，另一种是表达活动，他们指出，这两种要素的互补，是由内层向外层发展的必要条件。可以认为，通常学生是先做活动，再做表达，但如果表达不清楚的话，他们也会要折返回去重新做活动体验,所以模型的第一个特点是,进一步分别描述了各个水平中这两类不同的活动并做了命名(除了第一和第八水平),参见图 3 - 6。

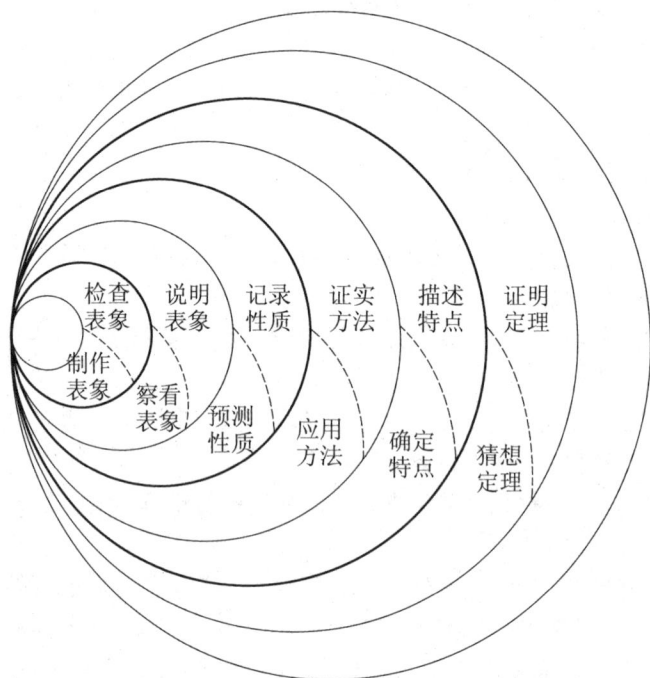

图 3 - 6

水平	活动	表达
产生表象	制作表象	检查表象
形成表象	察看表象	说明表象
关注性质	预测性质	记录性质
形式化	应用方法	证实方法
观察评述	确定特点	描述特点
组织结构	猜想定理	证明定理

在示意图相应的水平内部,用虚线将它分成活动与表达两个部分,两者互补,共同完成整个水平的理解。在任一个水平上的理解活动包含了以前水平的所有的理解,为发展的连续性提供内层基础,表达则为各个水平区分出自己的特点。

模型所表示的这个特点,将内部的思维活动与外部的语言表达活动结合在一起,一则说明了活动需要语言来总结与反省,以概念思维的内部活动转化为外部活动,成为有意识的活动,使语言成为促进思维活动成熟的动力,缺少了表达活动,将会妨碍它们从本水平跨越到下一水平;另则,活动的外部语言化要求语言表达能力的发展与提高。两者的互相补充、配合和促进,推动了理解的发展,这也体现了维果茨基关于自发性概念与科学概念、思维与语言活动相互关系的精辟思想。

例如，让学生考虑函数 $y=x^2-1$，要求他们在 -2 和 $+2$ 之间取 x 的整数值，求得对应的 y 值，列成一张表，并按表上的值在坐标平面上作出图象。如果学生能解决这些问题，在平面直角坐标系中找出各个点，并用光滑的曲线将各个点依次联起来，那么就是在进行"产生表象"的理解，更具体地讲，是在作"制作表象"的活动。他们是否能真正将图象看成一个整体，将各点的联结看成是一个有着特定次序的情况，就需要进行"检查表象"的活动，作为"制作表象"的补充。如果老师提出，图象上还要再加上一个点 $(-1,2)$，有的学生在原有曲线的基础上，将"最后"一点 $(2,3)$ 与点 $(-1,2)$ 联起来，那么这说明他还是在"制作表象"。如果有学生是将 $(2,3)$ 与 $(-1,0)$ 这两点的联线去掉，而将 $(-2,3)$，$(-1,2)$，$(-1,0)$ 依次联起来，尽管他们的作法本身有错，但是已经能将先后次序的问题结合起来考虑并作修正了，已经在进行"检查表象"的活动了。如果学生发现这里面有问题，认为"这不对了"，但说不出理由来，那么表明他们能"察看表象"了。要是能进一步认为，"这个曲线应是光滑的"，那么，他们已能"说明表象"了。再进一步，如果能指出 x 为 -1 时，不能有两个对应的 y 值 0 和 2，则说明他已经能"预测性质"了。

模型的第二个特点是，描述了理解的波浪式发展的动态性：理解并不是单向地由内向外发展，也不只是可以在某处徘徊或停顿。学生在理解过程中，在某一水平上遇到不能解决的问题，不能前进时，他除了停留下来回忆思考外，也需要随时返回到前面的某一水平作补救性的内层水平的深入理解。但这时学生已带有了解决外层水平的问题的目的，来调整某一水平上的不适当的理解，显然会与原先的意义有所不同，他的新建构将为外层水平理解提供更好的必要条件。由于个人情况不同，学生将以不同的速度、方法从内部水平逐步向外发展，又可不时地折返回内层，建立更广更深的理解。

皮里和基伦通过观察、谈话等方法，专门调查了一位叫卡蒂娅的女学生学习分数的理解过程。在初步了解的基础上，她利用折纸和画图的方法来领会分数的概念，这是"产生表象"水平的理解（点 A，参见图 3-5，下同），由此形成了某个分数的表象（形成表象，点 B），然后注意到分数的等价性：分子、分母同乘一个数，值不变。她能通过分子、分母同乘以 2 的方法写出一连串相等的分数：$\frac{1}{2}=\frac{2}{4}=\frac{4}{8}=\frac{8}{16}=\cdots$。这时她达到了"关注性质"的水平（点 C），但面对"怎样做 $\frac{1}{2}$ 加 $\frac{1}{3}$"的问题，她的同乘以 2 的方法失效了。如果老师提出："先找到公分母，再用交叉相乘的方法找到分子，并相加"，就可以让学生去运算，但学生却不一定会理解，于是老师提示说："分数的意义是什么？"卡蒂娅答道："切比萨饼！"她立即折返，回到了"产生表象"水平（点 D），画出表示 $\frac{1}{2}$、$\frac{1}{3}$ 的比萨饼，重新形成要相加的 $\frac{1}{2}$ 和 $\frac{1}{3}$ 的表象(点 E)。显然她是带着解决新问题的明确目的,将 $\frac{1}{2}$ 比萨饼画成 $\frac{3}{6}$,将 $\frac{1}{3}$ 比萨饼画成 $\frac{2}{6}$,并利用已有的分数加法法则(点 C)就求得了和 $\frac{5}{6}$。在做了类似的计算后,她将过程归结为一个算法,这一次达到了"形式化"水平(点 F)。接下去,她又折回到产生表象和形成表象(点 G、H、I)水平,去弄懂形式化水平所需要的运算 $\left(形如 \frac{b}{a} + \frac{d}{c}\right)$,并利用了一般的分数的等价的性质,构造分数加法的意义(点 J)。事实上,原先的表象在通过卡蒂娅的加法等运算操作后,发展得更丰富了,再简单地去重复或回忆以前的活动已经显得没有意义了,只需要记住现有表象,并能对现有表象进行运算就可找到新的一般性方法。在上述过程中,当学生的外层理解建立不起来时,就要一次次地折返回去,将尚薄弱的相应内层水平的认识作再建构,满足外层水平的需要。这样来回往复,波浪式地推进,保证了理解发展获得内层水平的坚实支持。

第三个特点是,它反映了数学学习独有的性质。在模型的示意图中(图 3-5,图 3-6),有 3 个圆是用粗黑线条画出的,目的是要表示,理解超出了这个边界后,学生就有能力直接使用现有的理解了的对象,进行新阶段水平上的独立活动。这正体现了数学的符号水平的操作和思考水平的特点,它表明学生的发展在此有了数学上的质的飞跃,可以摆脱前一水平活动中具体的或思维参照物的束缚,不再重复理解具体符号的过程,或借助具体表象。

当一个学生形成了数学概念的表象后,他就有能力不再重做产生表象的活动,或不需要回忆实际例子,而直接应用表象了。例如,学习分数时,就不必再画出一个圆的三分之一阴影部分,或是一条线段的三分之一长度来表示 $\frac{1}{3}$,而用某个心理表象来代表和想象分数。但是在"关注性质"水平,学生仍需要利用形成现有表象的活动,以能够关注一般性。因此,他就必须穿越"形成表象"与"注意性质"的界限,才能完成"关注性质"的工作。

当从"关注性质"发展到"形式化"后,学生掌握了形式化概念,他可以不再利用表象而发展理解。例如,将加法 $\frac{b}{a} + \frac{d}{c}$ 归结为 $\frac{bc}{ac} + \frac{ad}{ac}$,而不再参考分数 $\frac{b}{a}$ 是指 a 份中的 b 份的表示方法。

在学生做"组织结构"活动时,他也不需考虑"观察评述"活动的内容,例如去证明分数的运算律,而不管分数及其运算的实际表达的意义了。当然,这并不意味着他不可以再回过头来做一些温故知新的活动,这一点正反映在上述第二个特点中。

参照皮里与基伦描述的这个理解发展的模型,我们可以有目的地、更全面地观察、鉴别学生的理解活动,例如鉴定学生当前所处水平、完善程度、进步的基础、潜在的发展趋势等等。它也可让我们恰当地跟踪和弄懂学生是怎样从非形式的活动水平逐渐进入形式活动水平，达到最佳理解的。这个理论更能帮助我们教师转变对数学理解的观念。学生的内部理解的评价，不是只靠一次或几次测验、考试就能得到衡量的，它是一个复杂的动态过程，需要我们细致地深入考察才行。

　　总之，这个模型的最根本性的特点是："将理解看作为一个整体的、动态的、分水平的但不是线性的发展。"这个理论将理解表示为人们知识结构的不断、连续的组织：一个动态的过程，而不是各种认识的获得。

第四章　数学教学中的情感因素

　　学生是学习的主体。在进行数学教学设计时,除了需要对所教数学内容进行分析,还需要对学生情况进行分析;除了研究学生对具体内容的认识、理解、应用等规律外,还要考虑到他们在学习活动中发生和表现出来的各种想法、态度等因素。这些因素一般与认知因素没有直接的联系,但显然对其起着间接的影响。这种影响在一定条件之下甚至会起到决定性的作用。因此,我们必须对学生学习中的情感因素有充分认识,并加以认真的研究和探讨,才能在教学中对学生作积极引导,促进学生的数学学习效果的提高。

第一节　情感因素的含义

　　在我国,人们起先将类似上述的因素称为"非智力因素",后来认为其中有一些实际上已经涉及了智力因素,故改称为"非认知因素"。其实,这些因素也涉及了认知。例如,人们有一种观念,认为学好数学对学习其他功课很有帮助,这种观点就带有一定的认知性质。数学教育心理理论将这类因素统称为情感因素,其中的主要成分是信念、态度和情绪。

　　所谓信念,也可称为观念,主要指学生或教师在教学过程中对一些问题的总的看法。它们在一个较长阶段中影响着个人在活动中的行为,左右着个人的长期定向。例如,将数学看成是极其严密、绝无错误的科学,"错就不配享有'数学'之名",于是认为"数学发展是一往无前的和平建设"。这就是一种数学信念。

　　态度,是指在稍短时期内,学生对学习或教师对教学所持的倾向或立场。例如,对数学很感兴趣,非常喜欢解数学题,就是一种好的数学学习态度。

　　情绪则是指学生在学习过程中表现出来的具体的短时的反应。例如因害怕做几何证明题而产生焦虑情绪。

　　我们在这里将信念、态度、情绪三种成分统一在"情感"这个标题之下,是出于下述理由:

　　信念、态度、情绪这三方面在所含的情感、认知成分上有着一定的关联。严格地讲,它们都包含了一定程度的认知成分,又含有情感成分。在信念中,认知成分较多,在情绪中,认知成分较少,在态度中,认知成分介于以上两者之间。所以,按信念、态度、情绪的次序排列,其认知成分逐渐减少,但情感程度逐渐加强。在信念和态度中,情感成分相对少一些,但稳定性较强,表现时间相对长一些,无周期性。在情绪中,情感的量较大,但反应时间短,具有周期性,可以反复发生,但也较容易改变。这三者又都具有一定的倾向性,这就是说,它们都可区分为积极的或消极的性质,最终反映在学习的行为表现上。

信念、态度、情绪这三种成分的内部联系还表现在形成过程和影响认知的方式上。曼德勒(Mandler)在1984年提出,当认知的主体即人要进行学习活动时,实际上是主动或被动地面临着一个计划,安排一系列的行动。如果在行动过程中因某些原因而发生未曾预料的情况,碰到了困难或障碍,不能顺利解决,使预期的步骤产生中断,人就会自然地产生情绪上的反应,进而引起生理反应,例如心跳加快、肌肉紧张等等。这实际上是一种提醒个人对自己的注意力加以重新定向的机制,对完成预定计划起着一种提示、挽救作用,可以推动活动的进步和发展。在这个时候,个人就会对过程中遇到的问题和麻烦进行认知方面的评价,并出现不快、失望或惊喜等情绪。上述情绪反应和生理反应维持时间不会很长,正常的人一般会很快地对新情况进行判断、猜测和解释,作出调整,找出新的办法来执行计划,以求达到目的。这种对所遇困难的认知分析将形成一种意义,这种意义与个人已有的知识、观点和文化影响也有着密切的关系。

如果在同一情境下个人的努力重复遭受挫折,他的情绪反而会越来越不紧张,并会自觉或不自觉地逐步把自己对认知处理的要求降低下来。这时,情绪反应便渐渐稳定下来,变成一种对问题的态度。而态度的长年累月的沉淀,就会形成对一类问题的稳定看法,即信念。

例如,如果一位学生代数学得不错,而且对几何图形的观察,几何面积、体积的计算也不感到困难,他就可能认为学习平面几何也会很顺利。如果在初学几何证明时做演绎推理遇到了特殊困难,他可能产生一种消极情绪,譬如它不如代数推理那样简单、迅速,没有公式、法则可直接利用,因而会不知所措。多次重复后,就可能觉得几何证明特别难,怀疑自己能不能学好它。如果他能逐步适应那些方法和内容,跨越困难,完成一些证明题,他就会体会到其中的规律,感到振奋和鼓舞,逐渐产生兴趣。当然,也有一些学生难以适应几何内容和证明方法,从学习中感受不到乐趣,因而会产生焦虑和惧怕。时间一长,这类情绪和态度会稳定下来,形成自动的反应,并转变成对几何证明的总的看法,也就是信念,如认为自己不适宜学习几何证明,因而对几何证明持消极态度,见到几何证明题就出现畏难情绪。

第二节　信　念

信念就是个人对一类事物持有的基本的、总体的观念。这种观念可能来自于某一种理论，例如，受数学哲学的某种观点的影响，或者根据教师的一些说法，可能形成自己对数学的基本看法。但信念更多地来自于本人的实践经验，在认知过程中产生、形成自己的体会。这样形成的信念往往不是由外界直接灌输的，而是由个人在智力活动中耳濡目染，潜移默化，经过一段时间自下而上积累后沉淀在思想中的。特别是对于中小学生来说，他们有关数学学习的信念更多地产生于日常所见、所闻、所思。其中有些信息是老师传授的，例如，认为数学题中的条件不能多，不能少，都是有用的，而且必须都用到，如果在解题中未用上某个条件，那么可以认为自己做错了。有些信息则是学生经过多年学习实践经验而总结出来的，例如，数学题只能有一个正确答案，几个同学做出不同结果，其中必定有错的。

1. 信念与知识

正如前面指出的，信念中含有较多的认知成分，"数学题正确答案的唯一性"就是一种认知。但这种认知与知识本身是不一样的。从总体讲，信念作为一种范畴，与知识的关系既有区别，又有联系。

两者的区别之一是评价的标准不同。知识是否正确，是否合理，总有一个统一、公认的判断标准，可以按是否符合事实或符合理论原理来确定。而作为一种信念，则不一定存在一致赞同的标准。人们可以仅仅根据陈述的理由来评价，但理由的成立与否并不存在一致性。例如，究竟存不存在飞碟（UFO，即不明飞行物）？若从知识角度看，需要以事实作依据，而照片、录像、一些人目睹以后所作的记录或报道，与事实本身有一定的距离。所以，迄今为止称飞碟是外星人探访地球的工具的说法还不能加以肯定。这个结论不是一条知识，或者说不是一条真理。然而，从信念的角度看，由于各人可以有不同的知识背景，有自己的哲学观和推理前提，有对论据的不同解释，即使没有确凿的事实，他也可以由他自己认为的合理程度形成自己的信念，认为有飞碟或没有飞碟，无法强求统一。这样，评价、判断的标准就缺乏一致性，从而可能引起争论，并可以保留各自的见解。实际上，日常生活中的神话、传说和幻想也可以视为信念的一种。

由此，又产生了两者之间的另一个区别：对于信念，人们可以倾注自己的感情，渗透个人经验和体会，在确信程度上有强弱之分。例如可以绝对赞同，也可以基本相信飞碟是外星人建造的这一结论。而对于知识，由于有确定的是非标准，人们只能承认或不承认。譬如不能说：我大致上相信方程的同解原理是对的。

随着时间的推移，科学的进步，社会的发展，观点的替代，问题的判断标准可能会产生变化,这样,信念和知识可能发生转换。古代很多人相信月球上有嫦娥,有玉兔和桂花树。但随着科技发展,特别是在人类完成登月计划后,有关月球的神话或信念就得到否定。但是,人类有能力创造工具飞离地球的信念就变成了事实,成为一条知识。反过来,知识也可能转化为信念。

2. 关于信念的分析

对于数学学习来说,有关的信念可以分为三类:关于数学的信念、关于数学学习的信念和关于学生自身的信念。我们讨论这些问题,是因为学生所持有的对学科、对数学学习、对自身的信念的确影响着他们的学习,影响着他们对认知材料的选取,影响着他们对认知方式的使用和对学习效果的评价。

一些文章上提到的"船长问题"的讨论就是一个有关数学和数学学习的信念问题。

"一条船上有75头牛,32只羊,问船长多少岁?"

据美国的一些测试,约有40%的小学生答船长43岁。因为他们觉得如将75加32得107,船长不会那么大年纪。所以用75减32,得43。在我们中国的一所小学测试中,也有27%的学生答43岁,答107岁的占15%。而在一所职业高中,高一年级一个班48位学生中,仅有9人认为此题不能做。

这本不是一道数学题,但却有那么多人会把年龄计算出来,岂非咄咄怪事?那么学生是怎样想的呢?归纳起来,大致有这样几种想法:

"老师出的题目和课本上的题目都应该有解的。"

"在我们的印象之中,做数学总要列出算式,算出结果来。"所以,他们肯定船长的年龄是可以通过计算求出的。

"小学一年级时,数学老师就告诉我们,应用题的每个条件要派上用处才能得出答案。"

"老师经常对我们说,做题目做不出,就把可能的想法写一点,错了不扣分,有点对还可以得一两分。"

可能就是这些见怪不怪、似是而非的想法驱使了我们的学生去算出荒谬的结果来。

一位学生这样分析道:"我们现在所学的这些科目,无论数学、物理,还是生物、化学,都是一大串的公式,就连写作文也有一套应考的固有模式。这就无形中在我们脑子里加了许多条条框框,于是我们习惯了用公式,习惯了找规律,习惯了按部就班。"

人们常说教师的工作就是"传道,授业,解惑"。我们的数学教师在教授数学知识的同时,一不小心就可能在有意无意之中将出乎意料的"道"传递给了学生。而学生在学习中形成了错误的"道",又会反过来影响他们以后的学习,"让学生越学越笨",产生啼笑皆非的结果。席尔弗(Silver)也指出,学生的不正确的信念减弱了他们解非常规问题的能力。

3. 关于数学的信念

学习数学,自然人人都会想数学是什么。哲学认识论从总体上回答这类问题,而数学哲学理论则对数学科学作了论述。在数学学习过程中,学生自己形成的这类信念会是什么样的呢?他们有一些想法似乎很出乎我们的意料,会让我们感到惊讶。

调查儿童的数学观的最早的典范性工作,是厄沃格(Erlwanger)对小学六年级学生本尼(12 岁)的个案研究。

本尼在解答诸如

$$44-11=$$
$$45-12=$$
$$46-13=$$
$$47-14=$$
$$\cdots\cdots$$

之类的问题时,是分别运用一个个具体的方法来计算的,而不是根据这一系列题目的相关性,寻找简单的途径。因为在本尼的心目中,学数学就是采用老师所教的一个个算法和法则来解题,这些法则又是孤立的,没有联系的,所以问题就只能一个个单独地解,而不是去注意它们之间所存在的内部联系。

更令人吃惊的是,本尼在将分数化为小数时是这样做的:$\frac{2}{10}=1.2,\frac{5}{10}=1.5$, $\frac{27}{15}=4.2,\cdots$这些答案当然都是错的,但他所用的方法都又有自己的"统一性",有他自己的"法则":

$$\frac{2}{10}\Rightarrow 2+10=12\Rightarrow 1.2,$$

$$\frac{5}{10}\Rightarrow 5+10=15\Rightarrow 1.5,$$

$$\frac{27}{15}\Rightarrow 27+15=42\Rightarrow 4.2。$$

原来,本尼把数学的法则看成是"人为的、无意义的"规定。这正如美国国家研究委员会(Everyboby Counts)中指出的那样,学生"在学校和社会的影响下,开始感到数学是外部强加的规则所构成的僵硬的体系"。因此,他们认为也可以建立自己的"规定"来解数学题。

按照厄沃格和其他数学教育研究人员的分析,本尼有这些错误的数学信念,正反映了数学教学过程中的失败之处。教师的教学可能就是陈述法则,举例运用,然后让学生模仿操作,解一个一个题目,既不启发学生思考,又不作深入的解释和说明,导致了学生的误解。根据现在的分析,产生这样后果的根源,是当时流行的行为主义教育思想。其指导教学的原则是记忆加模仿,靠一小步一小步的常规操作训练学生,结果学生只注重按法则操作,而不用数学观点去看待理论、法则和现象,学数学也就学不出一个好结果来。

在一些调查中,人们还了解到下列诸类信念的表现:

有的学生认为,数学就是一大套法则和定理,它们是一种规定,但缺乏实在意义,特别是与日常生活很少有联系。

有不少学生觉得数学很重要,但它是以规定的法则为基础的,必须按照法则去做,因此很难学。

有些学生则觉得,数学课上所教的,是生活中见不到的东西,而生活中要用的是课堂上不教的,所以数学很神秘。

调查也表明,学生对数学的信念会随着年龄增长、年级的升高而发生变化。例如,小学生会认为数学就是计算;中学生认为,数学就是推导;而大学生,特别是数学专业的学生会认为数学就是证明。而他们中的许多人都有一个共同的见解:数学就是要列出式子,作推理,列不出式子的东西不能算数学。

高巴(Kouba)和麦克唐纳(McDonald)的调查指出,小学生常常认为,数学学起来不是一件容易的事,容易学的就不能算数学了。随着所学内容的增加,他们的看法变为:数学肯定是难学的,而且学的大多是平时不熟悉的东西,学数学就是学算法。

这些信念会对学生学习数学产生什么影响呢?如果像本尼那样认为,数学是由法则组成的,而且这些法则之间很少有或没有联系,法则又与实际问题没有或很少有联系,那么他就会用孤立的眼光去看待数学内容和数学问题,找不出它们之间的内部联系。而如果认为,数学与实际应用没有什么联系,而且很难学,那么学生就会觉得数学是一个使人索然无味的学科,尽管大家讲其重要性,但仍会敬而远之,怕同它打交道,至少对它不感兴趣,这样当然学不好数学。要是学生片面地认为数学就是算,或是推导,或是证明,那么对一些不在这些范围之内的方法和策略就会缺少重视,有损于思维的发展,并产生对数学的错误印象。

我们在某个程度上可以认为本尼这个例子是一个极端,这类情况是极为个别的,但它的意义,是向我们指出这类问题的性质。问题不在于有多少人有这种倾向,而是在于为什么会有学生持这些看法和信念。归纳起来,大概有三点原因。

首先是教材方面的原因。如果教材是按数学论文或专著的形式编写,开始是公理、公设、定义,然后是命题、定理和证明,还有定律和法则,那么给学生的印象就是加给数学许多人为的规定,这些规定一旦表示为符号和一般性的公式,而学生,特别是差一些的学生,又没有弄清它们的起源和归结的过程,那么他们就可能将数学的法则看成为硬性的缺乏实际意义的规定。

其次是教法方面的原因。要是一位数学教师用照本宣科的方法进行教学,按教科书上的公理—定义—定理—法则的顺序来讲课,那么学生还是体会不到从实例到概念、从具体到抽象、从特殊到一般的发生过程。

郭思乐早在1982年就曾提出过要"注意知识发生过程的教学",这实际上不只是在谈论教学法问题,它对改进学生对数学的信念也具有根本性的意义。数学概念、法则都有一定的发生过程。如果这种发生过程为学生所掌握,或者更好一点,学生是直接投入到发生过程中去形成概念,让学生自己动手、动脑来建造概念和法则,则不仅能使学生知其来龙去脉,而且也更有利于正确信念的形成。许多法则、定理、概念是可以由学生自己建构的,不必按书本上的顺序去告诉学生。

例如,关于"三线八角"概念的教学问题。某些教师反映,差一点的学生老是找错同位角、内错角、同旁内角,所以,后面的平行线判定及平行线性质等内容就学不好了。一个可能还不太成熟的想法是:能否在一开始不要引入这些概念,而是先从平行线入手,设法让学生感受到需建立这些概念的必要性。事实上,对数学家来说,也并不是先有同位角、内错角等概念后,才发现它们的相等关系能推出直线或线段平行的。情况可能正好相反,例如,是从平行线与第三线相交后,看出了某些特殊位置的角的相等关系,而且反过来也成立,而后根据相应的角的位置关系再将其命名为同位角、内错角等等。要是我们也像当初建立概念的过程那么来教,甚至一开始根本就不出现这些角的名称,而是先让学生体会,看到必然性,后来再冠以名称,并得出判定定理,教学效果可能会大有改善。这样做就避免了弗赖登塔尔所指出的"违反教学法的颠倒"现象,同时,也有利于正确数学观的培养。

最后是教师本人的数学观。一个教师如果认为学数学就是去学习书本上的一批法则,然后用来解题,而且认为当年做学生时老师就是这么教的,没有什么不妥之处,自己也是这么学过来的,习以为常,甚至认为是天经地义的,那么他教法上的改进就很少了。尤其是,如果他过度地采用常规解题的操练方法,那么将使学生只知道接收问题的刺激,对照相应法则作出反应,不再去顾及对法则、原理、数学思想的理解、探究和反省,直接的后果将可能是学生不识数学的真面目。从素质教育的高度来说,目前数学教育中的大量训练和快速反应性操作练习,是把数学这个学科中凝聚着的人类文化精髓的生动、有意义的思想、观点和方法贬低为一种极度技巧化、工具化的训练。在繁重枯燥的训练压力之下,数学的观念、价值和应用因缺少应付考试的功能而被置于一旁,这就影响到学生正确的数学观的形成,同时,也可能使学生对本人的地位、价值和情感发生偏颇的理解。

4. 关于数学学习的信念

与上述关于数学的信念相类似,有些学生的数学学习观也会使我们感到奇怪。

将现有文献归纳起来,有如下一些关于数学学习的看法:

学习数学，就是要老师教，我们学，老师讲，我们听，老师举例子，我们照着做。

由于数学中许多东西不是日常生活中能见到的，所以老师没有教过的我们就不懂。

学数学主要靠记忆和模仿，记住一大套规定的法则和算法，并按例题的步骤去做。

学数学只能老老实实地一步步推导，不能利用观察、实验、猜测等方法，因为数学是最严密的。

只有极其聪明的人才能真正理解数学，一般学生是弄不懂数学是怎么回事的，只能靠死记和机械地应用。

学数学就是用一张纸、一支笔去苦想，书呆子才喜欢数学。

我们数学题做得对或错，做得好与差，自己是搞不清楚的，都得由老师来评判。

数学题要么能在几分钟之内做出来，要么就做不出。

老师让我们做的题目一定会用到最近几天教的内容。

每个数学题的条件不会少，也不可能多，否则就是题目错了。

每道题目会有一种正确解法，也只能有一种正确解法。

这些看似可笑的看法，涉及了教学方法、学习形式、数学问题的性质、解题的成功与失败等等问题，反映了学生对课堂内外数学学习的基本观念。虽然对这些信念在多大程度上影响了学生的数学表现和成绩还未有确切的数据作论据，但这些观点对他们的实际行为肯定产生了影响，这一点是毋庸置疑的。例如，认为需靠记忆和模仿的方式来学数学的学生，就会将注意力放在这些方式上，自己的创造能力却得不到发挥和发展。

学生对数学学习的一项重要信念，是学习的动机。简单地说，动机是指引发学习活动的内部驱动力，它与学习的目的、兴趣等有密切的关系。数学学习的动机大致有以下三类。

第一，功利主义的动机。我们经常说（事实上也如此），数学是一门工具性课程，学好数学对于学生未来的升学、生活、工作都很有用。特别是现代社会已发展到了高科技时代的信息社会，知识是个人、团体、社会、国家兴衰成败的关键因素，而在大量等待处理的信息中，数学信息比例很大。因此，掌握必要的数学知识和方法是现代人才的基本素质之一。在素质教育中，数学素质有极其重要的地位，数学课程作为各级学校的主课，在安排的纵横两方面（从小学到大学，在总课时中所占比例）都已体现出来。而从升学角度看，数学始终是重点考试科目。在生活上，人们也必须处理大量数据。从购买商品（小至日用品，大到汽车、房屋，都需计算单价、折扣等等）到储蓄、收入分配、证券买卖都需计算。工作上的报表处理、借贷款、投资、收益、成本利润等等，则间接使用了数学中的逻辑推理。功利主义的动机是一种外在需要的动机，而且是一种长期的动机，如果学生能对当前所学知识在数学内部和外部的应用有很好的体会,就可能激发起这样的动机。

第二,自我实现的动机。学生以数学水平来显示自己的聪明才智,从中体验个人成功的喜悦和个人成长、进步的满足感。例如,作业全部正确,考试成绩优秀,竞赛获得褒奖,学业进步受老师的表扬(或避免批评),都可进一步促进数学学习(当然也有骄傲自满的可能)。这种自我充实、自我满足的动机是一种不可忽视的发展因素。学得不好的学生长期遭受挫折,就会缺乏这种动机。而且,这种动机是学生个人内在的、短期的动机。对于中学生来说,在课堂里如果连个人的要求、短期努力的目标都没有,其学习动力就很弱了。

第三,体验数学美的动机。数学是一门较特殊的学科,与人文学科,例如文学、历史、语言等不同。它与自然科学相近,但也不完全相同。它不是一门实验科学,其结论、方法的正确性、有效性不是靠实际事例来检验,而是靠逻辑一致性、相容性检验,与现实、直观都保持着一大段距离,存在着很大的差别,显得概括、抽象,甚至在普通人心中显得有点"玄"。数学家对数学的内涵有全面、深刻的把握,数学教师也对数学内部所存在的统一性、对称性、逻辑简单性有较多的体会,因此,称数学有一种"数学美",并常对此津津乐道,体验并努力把握这种内在美也可能成为激励学生钻研数学的动因。但是,不可否认的问题是,这种美不是表面的、直觉的美,它隐藏得比较深,领会的难度也很高,不如视、听、嗅觉的美那么直观,容易体会。因此,中学生通过中学数学的基本内容能否感受到这种美是尚有疑问的。例如,学习三角恒等公式,要经历一个个公式的领会、应用的过程。在解大量综合性问题时,学生面对的可能是一大堆公式。要找到应用的规律,进而发现公式间的内在联系,最终把握其中整体性的美,不仅要有大量艰苦的练习,并达到熟练程度,而且要在高层次上对本人的经验不断进行反省思考。所以,思维要上升到高水平,达到一种升华的境界,可能不是大部分人能够做到的。事实上数学对不少学生来说是比较困难的,缺乏直接的吸引力。如斯坎普所说,数学是"一门难学的需要一定忍耐的学科"。

上述几方面的动机,最终需要在实际学习过程中转化为一种对数学的兴趣,并且这种兴趣要能维持一定的时间,而不只是短暂的一两节课、一两天。这除了教育本身的要求外,从数学内容上讲,是因为数学的概念和方法是有连续性的,其形式和内容要求逐步概括和抽象才能自然发展。这个过程的延续是长期的。

对于动机的问题,无论是教育管理部门、学校领导还是教师,都很关心。但讲得实在一点,基本问题是用什么方式来吸引学生学数学。有一种做法是对动机"年年讲,月月讲,天天讲",让学生了解和重视这一点,树立起良好的动机并持续下去。

另一种看法是,动机本身不能当作缺乏动机或形成正确动机的原因,就事论事解决不了问题。动机只能看作为表面现象,缺乏动机是症状表现,不是症结所在。打一个比方,学生缺少动因,就像病人得病时所出现的发烧——体温升高一

数学教学心理学

样,是疾病的一种症状。要治疗,需要将引起发烧的本质原因寻找出来,否则就只能是治标不治本,甚至连治标也治不了。

芝加哥大学的尤西斯金(Usiskin)曾提出,解决学习数学的动机问题还是要从数学教育本身找原因,其中最主要的是数学教材能否变得使学生感兴趣。这里又有外在和内在因素。如将数学课本装饰得漂亮一点,增加图画和照片,使内容直观易接受等等,是外在因素。内在因素则是数学教材内容的选取、编排是否考虑了动机问题,这是关键所在。目前比较好的设想是,尽可能多地考虑数学的现实性、应用性,使数学贴近实际,特别是学生的生活实际。概念从现实中提炼,问题的解答则回到生活、生产中去。这与弗赖登塔尔指出的数学和数学学习的活力存在于现实之中是一致的。例如,荷兰的数学教材就是以"现实数学"为原则的,一扫过去不强调实际应用的风气,也改变了过去先有理论,再应用到实际的偏向,将理论和实际糅和起来,融为一体,使学生看到处处可以提炼数学,处处可以发现数学问题,处处需要数学观点和方法,从而重视数学学习,从中找到乐趣。

外在动机和内在动机相比较,内在动机的作用更强,因为它是学生自己体会到的需要。而长期动机与短期动机相比较,短期动机的作用更强。试想一下,要一个学生记住,三四年以后进大学,六七年以后参加工作必须要使用数学,他们的眼光可能还不会那么长远。而用结合课题内容的一个个问题创造出情境,促使他们努力学习数学,这可能更现实一些。例如,前面提到的"三线八角"问题,如果学生还不知道同位角、内错角相等有什么重要作用,却被要求去判断复杂图形中有哪些是同位角或内错角,他们怎么能体验到学习这些判断的必要性呢?如果是一位好学生,他可以"忍耐"几天等着看后面的意义和作用,对较差的学生,这时他的好奇心可能已荡然无存了。所以,教学的设计,方法的改进,都应有利于引导学习的兴趣,增强学习动机。

可是,动机也不是万能的。它并不能在任何时候都起到积极的作用。这与学习内容的复杂程度相关,心理学上的耶克斯-多德森(Yarks-Dodson)原理指出,动机能够促进学习,提高学习效果,只是对比较简单的学习很有效,对于复杂的学习,功效并不那么明显,甚至会出现动机越强效果越差的局面,即所谓的欲速则不达。这一点实际上也指明了,动机作为一种情感因素,只能从侧面对学习发生影响。要从根本上解决学习问题,主要还是需从智力上进行开发。

5. 关于自身的信念

在数学学习过程中,学生还存在着关于自身的信念。这是指个人的自我意识,其中主要包括自信心、自我分析和自我效能(Self-efficacy)等。而这些因素又与元认知、自我了解、自我调节等因素有关,成为影响学习的原因之一。

自信心就是指学生个人对于自己数学能力强弱以及能否学好数学的信念。

雷耶斯(Reyes)的一项研究指出,自信心作为一种具体的自我意识,它与学生的数学成绩正相关,在中学水平,相关系数一般要大于0.40。这表明,提高学生的自信心在一定程度上能促进他们学习效果的提高,这一点与我们平时的基本认识相一致。

那么影响自信心的因素又有哪些呢?美国的一次全国性评估对三、七、十一年级的学生作了调查,询问他们是否认为自己的数学学得不错。结果是自己认为自己学得好的学生的比例,从三年级的65%下降到十一年级的53%,这似乎表明自信心会随着年级的升高而下降。

另外一些调查指出,在中学阶段,男女生在自信心方面存在着较明显的差别。总的说来,男生的自信心要强于女生。有些女生即使数学成绩不错,但自信心也不强。纽曼(Newman)和维克(Wick)的研究指出,在学习"估算"这个课题中,中学生中男生的自信心比女生强,但在小学里男女生之间并无明显的差异。

而芬内玛(Fennema)认为,如果在学习中学生解题解得好,就会使解题能力的信心增强,从而增强学习数学的自信心。

自我分析是指学生对自己学习数学好、差的原因的分析。学生的自我评价可能会起一种定向的作用,引导学生自己朝某一方面努力。在这方面,考虑问题的角度主要有三个方面:内部或外部原因,稳定性因素(是有无能力,还是努力与否)以及因果控制能力。例如,一位学生解题解得不好,他可能认为是题目太难了,这一点可看作外部因素,是自己无法控制的。而如果他解题解得很顺利,他可能认为是自己的能力强,这是内部的、可自己控制的原因。

克卢斯特曼(Kloosterman)的调查认为,自信心强的学生倾向于将学得好的原因归于自己的能力,学得差则认为是不够努力,也就是说,自我分析与自信心有联系。

在小学生中调查得出这样两种表现倾向:将自己学得好归功于努力的学生,在学习中表现出强调努力下功夫,乐于做难题,强调理解,并成为一种行为定向;而将学得好的原因视为自己能力强的学生,对取得高分更感兴趣,而不是去强调理解,也不太注重实实在在的努力。反之,学得不好的学生,如果认为自己的原因是没有能力,则表现出缺少学习的韧性和坚持,只要有可能就逃避解难题。这表明这类信念直接影响到学习表现。

另外,在日美联合研究中曾经得出这样的结论:日本学生通常认为决定数学成绩好坏的因素中,努力与否是最关键的。美国学生多认为,学习数学主要是能力,而且在他们的潜意识中,这种能力是指一种先天的、内在的天资。我国的普遍看法可能更接近于日本的情况。

有一个大家比较普遍赞同的看法是,无论是学生本人还是教师,甚至家长,常常认为自我分析因素与性别有一定联系。芬内玛等人的报告认为,男女生在竞争性、冒险性、独立逻辑性、兴趣及积极回答问题方面存在着明显的差别,男生要强于女生。这些因素中有一些实际上涉及社会心理问题,如有关男性与女性不同角色的观念。男子在社会中较多地显示出独立、竞争、冒险等阳刚之气,女子则是温柔、顺从,这可能与从小在家庭中受到的环境影响有关。家长从孩子的小时候起就要求男孩应大胆、勇敢,要求女孩温柔、文静、安分,例如可以允许男孩子玩弄棍棒和皮球,而女孩应当玩洋娃娃、过家家,这实际上决定了性别角色,培养了不同的性格。有意思的是,教师在教学过程中也有自觉或不自觉的观念流露出来。例如,认为男孩比较适宜学习数学,女孩的数学能力不如男孩,更适合学习情感因素较多的学科,如音乐、艺术、文学等。芬内玛等的研究结果表明,教师常认为,男生数学学得好,是他们能力强,学得差是不努力;而女生学得好是用功,学得差是缺乏能力。因此,教师可能会在教学中比较注意督促男生发挥能力,督促女生多下功夫,由此影响到学生的自我分析。

自我效能这个概念是班杜拉(Bandura)提出来的。它是指学生在学习活动中自我督促、激励、控制、管理、决策的思想与行为表现,例如,学生决定自己选学什么学科、参加什么活动、投入多少精力、坚持多久等,相当于我们平时所讲的"自觉性"。显然,这种信念与品质会直接影响学习的效果,因为在这种信念下,学生的学习活动的方向和努力程度直接受到调动,思想上要求的高低转化为具体的行为活动。因此,发展这方面的观念具有实际操作意义。诺威奇(Norwich)探索了英国学生的自我效能与数学成绩的关系,以及它与一般的自我意识的关系。他指出,相对而言,对数学成绩具有重要的预测意义的因素,不是一般的自我意识或自信心,而是自我效能的具体表现。哈克特(Hackett)和贝茨(Betz)则认为,自我效能与学生选择大学专业,以及学生的数学成绩、对数学的态度正相关,尤其与选择专业的相关程度最大。

第三节　态　　度

数学学习中学生的态度是情感的一类表现。它一般指有一定强度、适当稳定性的积极或消极的感觉和取向,是对事物的一种情感反应,例如,对数学有没有兴趣,对数学学习重视与否、爱好与否。

1. 关于态度的分析

态度在一定范围、一定程度上与信念有着联系。一位学生要是认为,学好数学需要"数学细胞",靠天生的"数学脑袋",那么在适当的条件下,如遇到困难,或得不到好成绩,就会表现出对数学的厌恶,对数学学习不喜欢。

对数学学习的态度,可能有两种形成的途径。早先对数学学习及数学的感觉、反应在不同场合下重复发生,会逐步稳定下来,变为一种起自动反应的态度。例如,对解应用题总是不适应,经常做错,随着次数增加,挫折感就演化为对解应用题的消极态度。

另一种情况是,在一定范围内的态度转变影响到另一个范围。例如,三角恒等式证明学得好,增强了信心,变得对证明较喜欢,从而可能使原先对学习几何证明的消极态度有所转变。从内部心理机制讲,是态度的一类图式转化到了另一类图式。

莱德曾经指出,对数学的态度不应当看作是一个笼统的因素,需要进行具体的分析。数学课题的内容不同,各部分的方法也各异,所以就会有各种不同的具体的态度表现。例如,有人喜欢算术,不喜欢代数,觉得后者枯燥。有人喜欢几何计算,不喜欢几何证明。然而也有人对抽象证明津津乐道,却不喜欢数值计算,觉得太繁琐,等等。因此,处理学生的态度问题不能一刀切,要考虑到学科内容、学历、年龄、性别、原先的数学基础等因素。

应当看到,一些研究结果表明,学生的态度积极与否,与他们的学习效果或成绩高低是正相关的,如我们平常所认为的,"知之者不如好之者,好之者不如乐之者"。但是,态度与成绩之间并不一定存在一种紧密的依赖关系。有说服力的例子是,在第二次国际数学学习调查中发现,日本学生的成绩很好,但日本学生不喜欢学习数学的比例也非常高。能否确切地解释其中的复杂性,可能是一件有意义的工作。

2. 态度的影响因素

影响学生的数学学习态度的重要因素之一,是对数学学习的重视与否。从社会环境看,可能与社会心理、文化背景有关。例如,一位美国学者指出,在美国社会中,某人在读、写、讲等语言方面能力较差的话,会被别人看不起。但要是他在有关数学方面的能力不行,却并不被认为是一件窘迫的事情。其现象背后可能与社会普遍的观念有联系。因为许多美国人觉得,学习数学要靠天生的能力,而这种能力并不是很多人都具备的。在我国,从总体上看对数学的社会观念是比较有利于促进学生学习数学的。无论是领导还是普通公民,无论是教师还是家长,包括学生自己,绝大部分人(高达96%)都认为数学是基础性的、很重要的学科,非常有用,对工作、升学都是必须的,而且只要肯下功夫,总能学好数学,所以大家都鼓励孩子们学好数学,这种社会心理是很有利的。但是,不少社会成员又认为,真正学好数学要有很高的智力水平。于是,在遇到困难时一些人又会怀疑自己的智力与天分,而失去信心,缺少积极的态度。

课堂教学中师生之间的感情也影响着学生的学习态度。在不少学生的心目中,数学理解和问题解答的对错是无法由实际检验的,要靠老师来评定。数学是一门艰深的学科,教师掌握着里面的诀窍,所以数学教师在学生学习中有着不同于一般教师的特殊地位,是学生眼里的权威。于是教师处于一种主动、主导的地位,帮助学生解决困难,提高学习成效。如果教师十分重视与学生的关系,例如建立一种亲切的、平等的、朋友般的关系,对学生有一种个人魅力,就可能有助于学生学习态度的端正。而如果学生对教师没有好感,可能会连累到数学,对之也没有好感。

心理学家罗森塔尔(Rosenthal)和雅克布森(Jacobson)曾进行了一次有趣的心理实验。他们到一所学校,只是随机地抽出少数学生,然后很郑重其事地告诉学生和教师:这些都是有发展潜力的学生,要求多加关注。跟踪几年以后发现,这些学生进步都很大,这就是著名的"皮格马利翁效应"。这种心理上的正暗示的结果告诉我们,当人受到别人的重视、关心以后,能改善自己的学习态度,激发学习动因,收到实际效果。上海青浦的数学教育改革的经验也证实了这一点。哲学家杜威曾指出,"人类本质里最深远的驱策力就是希望具有重要性",即内心希望受到重视、肯定和关心的天性。当这种天性得到满足之后,他就会在某些方面爆发出巨大的热情来。所以教师要面对全班进行教学,重视每一位学生,让学生在每一阶段都各有所得;要因材施教,除了满足好学生的要求外,也要特别关心差生。学不好数学的因素多种多样,要具体分析,个别指导,对症下药;学数学很容易出错,要多加鼓励,减少惩罚。例如,让学生订正作业是必要的,但罚抄则有害处,会引起学生的反感。

第四节 情 绪

数学学习过程中的情绪,是指学生心理上较短暂时间里的情感反应。和信念、态度相比,它表现为一个过程,而不是一种结果。它不如信念、态度那样持续下去,是一种不稳定的行为反应,但仍可以测试到。情绪的许多表现确实在影响着数学学习中的实际的内部理解和外部操作行为。例如,学生受到了鼓励,则情绪上精神振奋,好的想法可能会一个接一个地冒出来。如果过度兴奋,则注意力不易集中,反而会阻断思考。遇到困难并在一段时间里无法解决,则会情绪紧张,手足无措。厌恶数学,则情绪低落,结果会无法进入学习状态,等等。

1. 关于情绪的分析

如前所述,情绪通常可分为两类,一类是积极情绪,一类是消极情绪。积极情绪就是在理解或解题过程中获得成功、取得进步时表现出来的喜悦反应、满足的感觉。消极情绪常常表现为紧张、沮丧、焦虑、厌恶、害怕等等。受到挫折,无法克服困难,学生会产生失败感、挫折感,进而无法自我控制,思维中止,精神分散,瓦解了学习能力。麦克劳德(McLeod)专题研究了数学解题过程中学生情绪变化的问题,他认为,由于短时记忆量的有限性,学生解数学题时一般不会了解到情绪对自己的思维、对解题过程的影响。有时他们可能会偶尔注意到某个情绪反应,但这在意识中停留的时间不会很长。例如,一旦遇到一个困难,题目做不下去了,产生出挫折感,他就可能停顿下来,换一种方法,或者设立一个新的目标,从而降低这种情绪。在观察过程中麦克劳德发现,这种情绪方面的改变过程是非常快的,甚至是"自动"的,学生并不会真正地了解或反省这个过程。如果学生能够知道自己发生的情绪反应,就有了改进的可能性,会作出一定的控制,所以,他认为,对情绪问题的认识可能有利于对情绪变化的把握。

2. 焦虑情绪

有关情绪的研究多集中于对焦虑情绪的分类和分析。一般认为,焦虑就是指害怕、焦急、担心、忧虑感和无助感。焦虑在情绪上表现为担心紧张、焦躁不安、无法安心学习,也可能发展到不知所措。情绪上的反应又会引起身体上的病态表现,例如颤抖、心跳加速、出冷汗,甚至会头痛、头昏、肚痛、呕吐等等。

综合一系列对焦虑研究的看法,数学焦虑可以分解成数值焦虑、抽象焦虑等有关数学内容的焦虑和观察焦虑、练习焦虑、解题焦虑及考试焦虑等有关学习过程的焦虑。

数值焦虑的表现是对出现数量以及关系的情境产生紧张、害怕、退却等情绪,例如在课堂或家庭作业中遇到计算问题,或是在日常生活中需要计算购物的总价、银行利息所付账单的费用时,就会出现焦虑。抽象焦虑则是遇到字母、符号、式子、几何证明、公式推导等抽象问题的情境时所产生的情绪上的恐惧。观察焦虑发生在看别人解题、回答或听课时,甚至坐在教室里等待数学教师来上数学课时。练习焦虑出现在要求自己进行数学练习、操作等情境下,对做常规性练习感到讨厌、烦躁。解题焦虑是在问题求解过程中进行笔算、心算时产生的焦虑情绪。考试焦虑则是表现在有关考试的情境中,例如考前的准备、参加考试过程中甚至在考试前几分钟或考试一开始时发生的情绪不正常,我们通常称之为"晕场";也可能表现在考试结束后,或在等待考试成绩时,出现焦急、担心等等情绪。

亨布里(Hembree)做过一个关于焦虑起因的研究。对151位学生的调查分析表明,焦虑的产生大多与数学学习的成绩有关。但是这个关系很难完全弄清楚。它既与一个学生的信念、态度、实际的成绩有关联,也与数学学科的内容、教师的教法、态度有关系。

例如,不少中小学生对数学学习感到焦虑,甚至厌恶,已是一个世界范围的普遍现象。其中主要原因可能是数学本身是一门难学的课程,它的内容抽象,表达方式简单,枯燥而不吸引人,学习过程讲究连续性,有一部分内容学得不好将会影响后继内容的领会。此外,陈旧的教学法也是问题的一个起因。教学缺少启发,强调模仿加记忆,考试评价偏向于看解题的结果,学生的思考过程得不到指导,学生受到挫折得不到及时、有针对性的个别辅导,导致缺乏学习的信心,产生恐惧心理,害怕学习数学,于是恶性循环,继续失败。

另有一项调查研究指出,焦虑会引起成绩降低,反过来讲,取得优良成绩可以减轻学生的焦虑情绪。但是,认为成绩不好就会产生数学焦虑的结论却是没有根据的。这一点倒不难理解,有些差学生破罐破摔,他们可能根本没有什么可担心的了。研究还认为,焦虑与智商(IQ)或学生学习的能力的关系都不大。聪明或不聪明的学生,能力强或弱的学生群体中都会有人出现某些焦虑情绪。

根据研究分析,焦虑仍应看作是一种行为性的表现,要解决学生的焦虑情绪问题,宜采用行为矫正的方法。例如,用降低了难度的模拟考试,或创设轻松、压力小的学习情境,让会产生焦虑的学生在实际过程中体验无焦虑的心理历程,逐步培养习惯,减轻或消除焦虑发生。而用解决认知问题的方法一般收效甚微,例如,用加强补课、培养学习能力的办法并不能减缓焦虑的出现。

第五章　数与代数的教与学

　　《全日制义务教育数学课程标准（实验稿）》（以下简称《标准》）共设置四个学习领域："数与代数"、"空间与图形"、"统计与概率"和"实践与综合应用"。其中"数与代数"的内容主要包括数与式、方程与不等式、函数。它们都是研究数量关系和变化规律的数学模型，可以帮助人们从数量关系的角度更准确、清晰地认识、描述和把握现实世界。《普通高中数学课程标准（实验稿）》将高中数学课程分为必修和选修。必修课程由 5 个模块组成；选修课程共分为 4 个系列。无论是必修课程还是选修课程，其中都有数与代数的内容，如必修 1 中的函数概念与基本初等函数，必修 3 中的算法初步，必修 4 中的三角函数，必修 5 中的数列与不等式，以及选修系列中数系扩充与复数的引入等。

　　代数内容在数学课程中占有重要地位，具有很重要的教育价值：有助于学生理解现实世界中的数量关系和变化规律；有助于学生形成运用数量关系进行思考的思维方式；有助于学生数学思考、解决问题、情感态度等多方面的发展。

　　数与代数的教与学一直受到我国中小学数学教师与数学教育研究者的关注。此时，读者不妨回忆一下自己读中学时的经历：当你的数学老师告诉你负负得正时，你是欣然接受还是迷惑了很久？你认为你从何时开始学习代数？你认为算术与代数的学习有明显分界线吗？你觉得中学代数中核心概念有哪些？你第一次接触函数概念时，有什么心路历程？当你读高中又一次学习函数概念时，曾经思考过为什么与初中所学不一样？你对如何区分函数和方程产生过困惑吗？在你学习了高等数学后，中学时曾有过的困惑是否迎刃而解了呢？如果你做了教师，是强调代数的符号性、抽象性，还是强调它的实际应用？是要关注法则、公式的操练还是代数理解？是要强调代数的符号表达，还是允许非形式的表达？

　　本章将从三个方面介绍数与代数的教与学。首先，我们回顾一下与代数相关的学习理论；接着，我们以国内外相关研究为基础，从认知的角度来分析学生在数与代数学习的不同阶段、不同数学主题上的理解；最后，基于以上讨论，我们从教学的角度，提出几项教学建议并呈现一个教学案例，以供读者参考。

第一节　代数的教学理论

一般认为,我国的学生是从初中开始学习代数的,例如,使用了字母、表达式、方程、不等式等等。而实际上,学生在小学里已经接触到 $x-5=3$ 这类式子,并能用比较直观的方法解出 x 的值,只是到了中学后,他们才开始学习从情境中抽取确定的关系,用代数符号表示这些关系,并按代数法则进行运算处理,这时才真正进入了代数的范畴。

1. 代数是什么?

基本的认识论问题是对代数本身的看法,即,代数究竟是一门什么样的学科。这会影响到教师、学生对代数内容的理解。

关于什么是代数,即代数的内涵,研究者从不同的侧面,对代数进行了刻画。尤西斯金认为代数可以从以下四个侧面来刻画:代数作为一般化的算术,代数作为某种类型问题解决的过程的研究,代数作为数量之间关系的研究,代数作为结构的研究。相似地,卡普(Kaput)曾描述了代数的五个方面:一般化与形式化,由句法引导的运算,对结构的研究,对函数、关系和变量的研究,一种建模的语言。黎(Lee)采访数学家、数学教师、学生和数学教育研究者:"代数是什么?"回答分为七种类别:代数是一门学科,代数是一般化的算术,代数是一种工具,代数是一门语言,代数是一种文化,代数是一种思维方式,代数是一项活动。

实际上,早在 19 世纪上半叶,英国数学家们就曾对代数的本质发生过辩论,提出了有关代数的认识论问题。一部分人士认为,代数是算术的推广。在处理量和有关的运算的过程中,算术量的性质化为了一般性的性质。另一部分人则认为,代数不是算术的一般化,代数是一个符号的体系,它可以按照任意规定的法则,在系统中处理任意的符号及其关系。后一种观点比较接近于数学的形式主义的观点。对于中学生来说,这种认识就会忽略现实的代数情境的意义,可能使他们找不到把握问题的基础;前一种看法比较强调代数对象的起源,但这又会使得对代数中研究的负数、无理数、虚数等非直观概念的合理性产生疑问,因为这些数都不是由算术推广得到的,不能用直观测量的方法获得。

代数有很多内容的确是从算术方面发展而来的,例如加法、乘法的交换律、结合律,代数在这方面将算术作了概括化处理。但在其他许多方面,代数又与算术不一致。它有很多自己的符号,更有不少由代数本身发展出来的法则,如矩阵的乘法不满足交换律。如果一定要认为代数是算术的推广,学生就难以理解代数自己的特定运算法则的基础及它们的合理性:它们到底是由数量的性质得到的呢,还是由人为规定的法则确定的? 事实上,中学代数的确是由算术问题引入的,在教学上也有很多相衔接的地方,包括课题、方法、符号形式等等。但是随着内容的深入,它就必然要引入许多算术中从未考虑过的专题和方法,形成自己独有的特点,并在认识上提高一大步。虽然在中学中代数不可能变成一个纯形式的系统,但它也确实引入了不少抽象的对象和法则。这些都要求在认识上有一个转变,而不能死抱住直观性不放。当然,在教学上也要防止走过头,不要让学生产生"代数是符号游戏"的看法,应帮助他们找到适当的理解问题的立足点,并逐步发展,适应代数内容的深入展开。

2. 代数认知的发展阶段

了解历史上代数的认知发展过程,对我们领会学生的代数学习有着启发作用,因为学生的认知发展与人类对代数的认知过程有着相似之处,代数学的发展曾经经历了三个阶段:

(1)词语阶段。在公元 250 年以前,人们还没有用符号来表示量和未知量,而是使用普通的词语来表达和解决特定的问题。

(2)简略阶段。公元 250 年左右起到 16 世纪,从数学家丢番图开始,用相应词语的缩写字母表示未知量。但是,当时的代数学家所关心的,是使用符号表示具体的某个量,而不是一般的量。

(3)符号阶段。到 16 世纪末,数学家韦达开始采用任意的字母来表示已知量,这时才有可能将方程的一般解表示出来。在完全利用符号的条件下,代数进而变成一种抽象形式工具,能够提供数值关系的普遍性的法则。

哈伯(Harper)对英国两所文法学校的一到六年级共 144 名学生进行测试,测试内容为古希腊数学家丢番图《算术》中的一个问题:"已知两数的和与差,证明这两数总能求出。"丢番图的解法为:假设两数之和为 100,两数之差为 40,那么设较小的那个数为 x,那么另一个数为 $x+40$,所以 $x+x+40=100$,$x=30$,两数为 30 与 70。此种解法不具有一般性,韦达的解法克服了这个困难。研究发现,学生的解答中就出现了上述历史曾经出现过的描述和解决问题的三种方法。学生会随着学习的深入、数学知识的增长和智力的成熟,经历从用字母表示未知量到用字母表示已知量的转变过程。学生对符号代数的认知发展过程与符号代数的历史发展过程具有相似性。

而学生要达到将字母理解为变量的水平,需要经历熟练使用字母的若干阶段,从中体会由特殊到一般的发展过程。如果前面阶段的基础打得不好,就有可能影响后来的学习,因为代数的符号语言抛弃了原先代数活动中存在的具体意义,省略了对象及运算的实际情境,去掉了实际语言带有的差别,使代数表示能适应所有场合的普遍情况,可以极大地扩大应用范围。但这种做法的代价是使语义功能削弱了,可能使学生无法把握符号的含义,给理解和应用带来困难。

3. 数学符号问题

数学的书面表达中,使用了一套不同于自然语言文字的记号系统,以符号为元素,按特定方法形成合理的符号串表达式,并常常嵌入在自然语言组成的句子中。

(1) 数学符号的特点

数学符号大致可分为四类:

1) 字母和数字

它们主要取自于某种语言的字母或文字,例如英语、希腊语、德语甚至希伯来语等,以及阿拉伯、罗马数字等。

例如:$f,\partial,\sum,\xi,\kappa,\arcsin\alpha,\aleph,4,\mathbb{N}$。

2) 标识符

它们通常是约定的特殊的记号,表达专门的意思。

例如:$\div,\backsim,\sqrt{\ },||,=,\cap$。

3) 象征符

它们主要在几何学中使用。由于常常是从直观图中脱胎出来的,学生比较容易掌握和使用。

例如:$\angle,\triangle,/\!/,\perp,\odot$。

4) 标点符号

这与一般语言中的约定形式比较相近,但意义有所不同。

例如:$\cdot,!,°,',",( )\,,[\quad]$。

上述符号大致上可以分为两类,一类是纯粹按照约定方式表示特别的内涵,例如$\cong$表示全等关系,而$\sim$表示等价关系。e 专指一个数,其值 $2.718\cdots,n!$ 代表式子 $n(n-1)(n-2)\cdots3\cdot2\cdot1,\displaystyle\sum_{n=1}^{\infty}a_n$ 表示 $(a_1+a_2+\cdots+a_n+\cdots)$。这些符号本身不带初始的意义,一般只能在学习过程中逐步地根据规定来熟悉、记忆和使用。时间久了,就会自然产生一种"词感",见到$\sum$就想到和式,而看到$\prod$就想到乘积,就像看到"笑"字会不自觉地将"竹"与"眉开眼笑"联系起来,看到"哭"字即有一种掉眼泪的词感。实际上,这只是符号与词意紧密联系后的效果,字或符号本身仍只是一种指定记号。

另一种符号却往往有一定的出处。例如,某些字母是某种语言中相关词的当头字母。$A=\pi r^2$ 中,A 是英文字母 $Area$(面积)的当头字母,而 A_n^m 中的 A 是 Arrangement(排列)的当头字母,虚数单位 i 是 imaginary(虚的)的当头字母。类似的有:行列式 D(Determinant),高 h(height),圆周长 C(Circumference),直角三角形 Rt$\triangle$(right),等等。另一种情形是字母变形成标识符,如积分号$\int$,是 sum(和)的第一个字母 s 拉长的变形。在极限定义的符号串中,常用的符号也有类似的变形。∀是 Any（任一个）或 All（所有）中的 A 的变形。∃、Ⅎ分别是 Exist（存在）、Make（使得）中的第一个字母的变形。

由于中国是以中文作为教学语言的，讲话、书面表达中夹杂了这些符号后，如果学生只把它们当作单纯的符号死记硬背，就会增加其记忆负担。要是能把有起源的符号向学生交代清楚，他们就可以将符号与认知结构中已有的英语知识建立联系，显然对自觉、正确地使用，甚至理解相关概念有好处。

总体上讲，符号是自然语言、词语的形式化，讲求的是表达简单，具有通用性和不变性，很少受地域、历史等因素影响。符号的选用也比较严谨。但一个重要的事实是，数学符号与数学对象之间并不是严格地一一对应的，例如 π 可以表示无理数 $3.1415\cdots$，在立体几何中也常将一个平面标为 π。字母 x 会根据不同的情境，有时表示一个数，有时表示几个未知数，有时又用来表示变量。又如"|　|"，$|a|$ 表示实数的"绝对值"，而 $|z|$ 表示复数的"模"。相同的符号，不同的名称，也会使学生糊涂。这些事实表明，数学中符号的使用和理解，根本之处是要把握它表示的对象的内涵实质，而不是它的外表形式。如：设 a、b 表示不同的数，我们不能轻易地称 $\frac{b}{a}$ 是一个分数，它与 a、b 所取的范围有密切关系，这就是一个典型的语义问题。

符号一旦组成符号串，就应服从一定的句法，形成确定的意义。符号组合后，一般是从左到右地线性地书写和理解，但这种习惯不断地在改变。例如，算式加上了括号，规定乘方、开方运算优先于乘、除法，就要考虑到违背线性的先后顺序。这类例子有 $f o g(x)$，$\sin^{-1}(m!)$ 等等。另一类线性顺序的违背，是引入了上下排列的记号法则。例如，$\frac{3}{8}$，$\sum\limits_{n=1}^{\infty} a_n$，$\int_a^b \varphi(t)\mathrm{d}t$，$\overline{a+bi}$（共轭）等等，也形成特殊的符号句法，要换一种眼光来看待它们了。掌握符号串同样要领会情境和意义，以免混淆和干扰，产生误解。例如，ai，a_i，a^i，三者各有自己的含义。又如 $2\frac{1}{7}$ 是 $2+\frac{1}{7}$，而 $2a$ 是 $2\times a$，有不同的含义。弄清它们代表的不同意义，就要先弄清约定的法则，区分记号形式上的差异，辨别符号的大小、位置、次序、重复次数等等，尤其要以符号、符号串形成的情境为基础，从内涵差别来掌握形式上的差别。因为数字的公式符号是可以独立于具体情境的理解而作"自动化"的符号运算的。脱离了意义，运算将变成符号游戏。

（2）符号的基本功能

数学中符号和符号串使用的基本目的是为了传递和交流数学知识。但是，如果深入地分析一下，就可以发现，符号表示和其他方式的表示有着不同的特点。符号与文字尽管两者都可以看成是某种意义的代号，但它们之间有着明显的差别。例如，文字的语义多联想到日常语言，而数学符号的含义是由特定数学情境确定的，需要进行专门的定义。符号本身的简洁性是文字、词语无法替代的。我们对"一个三角形与另一个三角形相似"在心理上形成表象的反应,显然要比对符号串"$\triangle ABC \backsim \triangle A'B'C'$"慢。而且,当我们说"一个数的二倍与另一个数的和"时,心理反应是一个算法过程,而看到 $2a+b$ 时,除了反应为一个算式,也同时反应为算式的结果,即表达式本身,一个实体。

此外,从心理表象与符号表示的关系方面看,表象是人思维内部特有的表达数学概念的方式,它比较形象具体,易于从记忆中提取出来,而符号表示则是数学的外部表示,凝结了数学特有的抽象性、概括性,相对来说难以掌握和使用。在思维中,两者可能是代表了数学表达中具体性和抽象性的两个极端,但这两极之间又有紧密的联系,因为心理表象的形成必定受到外部表示的影响,有时也可能采用某种符号作为一种心理表象。例如,说到函数概念的时候,有些人的心理表示可能就是符号"f"。

斯坎普在他的《学习数学的心理学》中列举了符号的十项功能,它们是:传递,记载知识,形成新概念,使复杂多样的分类变得简单明了,解释,使反省活动成为可能,有助于揭示结构,使操作程序自动化,信息的恢复和理解,创造性的智力活动。下面,我们主要围绕数学特点讨论符号的五项基本功能,在这些功能中,一些是一般性的基本功能,另一些是数学中特有的功能。对于一个具体的符号或符号串,它可以同时兼有几种功能,或不具有其他一些功能。

1) 记载知识

符号的最基本功能是记录事实。如将向量表示成 $\overrightarrow{AB}$ 或 $\vec{r}$,将直线 l 与平面 π 垂直记作 $l \perp \pi$,$a^2-b^2=(a+b)(a-b)$ 等。利用数学符号将数学知识记录成书面形式,就可以长期保存,反复察看,不易遗忘、弄错,并有利于交流和传播。显然数学知识不能仅靠口头方式来传递,因为听觉接受知识的效果是大脑的即时记忆和加工。大脑工作记忆容量的局限性限制了思维加工时所必须同时利用的信息的数量。书面记录能弥补这一弱点,可为大脑的即时加工补充足够的、持续保留的信息,防止记忆的暂时遗忘。书面记录也是长期记忆的补充,如同给电脑增加大量外存,给人的长期记忆扩充了容量,达到提高思考能力的功效。在数学中,符号不仅可以代表一个对象和关系,也能将数学过程记载下来。较简单的情况是,如用 C_n^r 表示算法 $\dfrac{n!}{r!\,(n-r)!}$。而复杂的情况涉及到数学概念的二重性问题。在数学概念形成的分析中,我们提到许多数学概念既是一个过程,又是一个对象,并且过程产生在前,对象发展在后,从过程中脱胎出来。在这个脱胎过程中,符号发挥了重要作用。在三角函数中,直角三角形的一个锐角 A 的对边与斜边的除法过程,命名为正弦函数,并记为 $\sin A$,这就是图象中两条线段长度间的一个算法过程。按柯西的算术化定义,规定函数 $f(x)$ 在 $[a,b]$ 上的导数记为 $f'(x)$ 或 $\dfrac{\mathrm{d}f}{\mathrm{d}x}$,是用符号表达了特定的复杂的极限过程。这些操作步骤都按一定的顺序排列,包含有很多细节，较难整体掌握。一旦这些过程得到一个或一串代表性的符号，就获得了表达。当然，用简洁的符号表示过程是有一定目的，要满足特定需要的（这一点将涉及数学符号的另一功能，下面会专门讨论）。如果无一定需求，一些过程仍按其原来方式一步步地列出，并不使用符号来记录，例如，解方程的步骤过程就是如此。

无论用符号记载对象还是记载过程，它在心理上的一个作用，就是为其找到化身，使其得到体现，使心目中还比较模糊、不定的知识得以实体化、具体化。例如，虚数单位 i，是 -1 开平方的运算或运算结果 $\sqrt{-1}$，一开始称之为"虚"单位，本身就含有捉摸不定、虚设的意思。而一旦用符号 i 来代表，就产生了命名的作用，大脑所获得的印象则为"就是这么个东西"，于是就可以用起来再说，暂时当作思维中的一个对象。其理由正如维果茨基所说的那样，在概念取得它的化身之前，它是不会被个人所获得的。它的象征有了记录，就取得了被深刻思考的资格。

2）概括结论

按照目前大家都认可的说法，数学是研究模式的科学，而在表示模式时，数学通常是利用符号和符号串，将其化为形式化的原理、公式、法则等等。当这样的形式一出现，就自然而然地将相对具体的情境下的对象提高到一般性的水平上，赋予了概括性的意义，代表了一大批实例的共同意义，成为一个普遍性的结论。例如，从自然数情境中的 $7+4=4+7,5+11=11+5$，获得 $a+b=b+a$，它就概括了这一范围内的结论，并会随着数系的扩充而逐步推广到更大的数系中去。又如，将 $\sin\frac{\pi}{6}=-\sin\left(-\frac{\pi}{6}\right)$ 概括为 $\sin\alpha=-\sin(-\alpha)$ 时，自变量的一般化使它具有了普遍的意义。而由函数概念的一般化，得到 $f(x)=-f(-x)$，就使这条性质的概括性更强了。由此，带出了数学结论应用的广泛性。

虽然数学模式不一定都用符号来表述，符号表达式也不一定都表示模式，但绝大部分数学结论通常都表示为符号和符号串。模式的归结，必定涉及到产生模式的具体情境和从情境中推广出来的规律两个方面。符号表示将特殊和一般集于一身，提供了把情境和规律两者分离和整合的机会。认识数学的符号表示方式的这个二重性，是数学理论的理解、把握以及应用的要点之一。在数学学习过程中，人们总是要围绕自己的目标、要求，在具体与概括、特殊与一般之间往返穿梭，在这两极之间进行观察、衡量、舍取、确认，兼顾到结论的两个侧面，适当地把握问题所处的实际水平，寻找自己思考的立足点。如果学生只记住了 $a^3+b^3=(a+b)(a^2-ab+b^2)$，却分不清 $\frac{x^6}{8}+27y^3$ 中哪些可以当作为 a，哪些可以当作为 b，那么一般性的公式就落实不到实际情境的水平上，产生运用方面的困难。另一方面，要是只能固守在像 $\cos x=\cos(-x)$ 这样的结论上，想不到它会是某一个结论的特例，或没有能力去引出更一般的规律，那也是对数学符号表示的二重性缺乏认识的表示。更深刻一点看，这里涉及到一个内容与形式的关系问题，内容代表了特殊，形

数学教学心理学

式代表了概括。按照皮亚杰的观点,反省抽象总是试图站在高水平上,将某一层次的形式看作是一定水平上的具体内容,并进行抽象,以得出高一层次上的形式结论来,"一个内容永远是下一级内容的形式,而一个形式永远是比它更高级的形式的内容"。所以,$\cos x = \cos(-x)$尽管已是概括出来的形式,但它仍可以当作为某种意义上的具体内容,演变出一个更加广义的模式:$f(x) = f(-x)$,覆盖一大批现象,推广为一个概括性更强的数学结论。

3)压缩信息

数学符号的一个十分重要的功能就是为了某些需要,将所表示的内容浓缩为简洁的记号。记号将对象所具有的信息集于自身。这也是数学的抽象性在表达方式上的一个体现。最简单的情况可能就是数数,魏格诺德(Vergnaud)曾指出,小孩子数一堆苹果会这样说,"1,2,3,4,5,6,7,8,…8",前面的1到8是数数的过程,而最后一个"8"则是指集合的基数。数的概念就是来源于类似的数数过程,而后转化为基数概念,而一旦会用符号"8"来表示这个过程时,数"8"的概念就浓缩在符号"8"中,得以确立了。又如,两个集合之间的函数关系一旦用符号"f"来表示后,它的定义域、值域、对应关系等诸因素以及其他具体性质都加载到了符号"f"上。符号压缩信息的目的是将运算性概念的过程浓缩为一个组块,让思维在操作概念时可以暂时搁置对当前而言不那么关键的成分,摆脱枝节方面的干扰,使注意力置于问题的主要方面,集中于其在新情境中更关键、更重要的意义,有利于思维的展开。当人们把积分的一长段文字定义记录成$\lim\limits_{n \to \infty} \sum\limits_{i=1}^{n} f(x_i) \Delta x_i$时,整个操作过程就可以压缩到一定的程度。而将这个特殊的和式的极限过程表示成$\int_a^b f(x)\mathrm{d}x$时,已经产生了将过程压缩成对象的效果。为了需要,进一步将$\int_a^b f(x)\mathrm{d}x$表示成一个符号 I,积分就彻底地压缩为一个"东西",一个对象了。原先所具有的各个细节在考虑高层次的问题时都不再加以展开,为进一步的处理提供方便。反之,如果一个问题的表达繁杂、啰嗦,不足以使注意力集中到中心和实质上,那么数学结论的发现和总结就会受到影响。例如,要是我们模仿 20 世纪初中国数学课本中的方法,用中国文字将一元二次方程$\dfrac{x^2}{a} + \dfrac{x}{b} - \dfrac{4}{c} = 0$表为:$\dfrac{甲}{天} \perp \dfrac{乙}{天} \top \dfrac{丙}{四} =$零,注意力就较难集中在关键因素上,那么解方程的速度就会明显减慢。

这里特地使用了"压缩"这个词,目的是要强调,符号并不是将相关的因素忽略了或抛弃了,只是将它们浓缩了,或暂时地不加详细展开。这个问题实质上是一个信息的编码问题。数学符号不过是一个信息的代码,代码的关键在于它的内涵,即它的语义,而语义是与它所代表的对象所处情境前因、后果紧密相联的。这个问题同日常生活的语言问题也有类似之处。日常语言中词语的领会也是一个语义的问题,符号不能仅仅看作是符号。例如,我们常说的"放心"、"称心",都不能只从字面上来理解,它们总是有特定情境下的专门的意义。如果使用代码、符号时完全忽略了语义、情境,那么它本身的意义也可能改变,对象就不是原来的对象了。全面地说,符号是将情境压缩在自身中。于是,当我们使用符号时,最初的思考处理即要"解码",应该将符号所代表的语义和情境复原出来。这是衡量能否在适当水平上正确把握和应用数学符号的关键,例如,当学生不能复原关于三角函数的语义时,就可能写出 $\tan(x+y)=\tan x+\tan y$。

4) 实现运算自动化

数学在研究模式的活动中,往往是从具体情况得出结论,采用一般性的符号串将法则表示出来。这里的一个关键是,符号的运用起到了将内容转变为形式的作用,使得思维的推演可能在一个理想化的、纯粹的场合下进行。我们一旦获得了一个与公式同样的情境,只要将其中的数量关系或空间形式与公式结合起来,就可以抛开问题的具体内容,暂时不去关注所涉及的概念活动,即不再将思想拘泥于原来对概念的全面理解,只在形式符号水平上,根据符号运算的法则,按部就班推导结果就可以了。由于思维在一个形式化的、抽象的条件下进行运算,这种自动化活动在心理上似乎是"机械化"的,是"自动"执行的程式。它的长处是思考的束缚减少,负担减轻,思维的推进得到了加速。

显然,数学符号的这项功能是数学符号的记载、概括和压缩功能共同作用的结果。记载功能使得公式的形象和意义不再"耳听为虚",而是"眼见为实",表达明确化。概括功能则将公式在一般性水平上反映出来,符合可能通用的一切情况,摆脱具体背景的缠绕,体现出数学的普遍通用的力量。压缩功能把细枝末节尽可能地简约,于是将形式从内容中分离出来,突出了其中的形式结构,让思维的焦点容易对问题的中心进行凝聚。这样,思维便从具体情境中脱身出来,借助于事先训练的运算技能,犹如装上飞行的翅膀,在"空中"滑翔一段距离,迅速达到问题的终点。

在运算自动化的过程中,思维可以摆脱概念而仅仅关注于符号以及符号法则本身,但它同时潜伏了一个危险,即内容与形式的过长的、绝对的割离可能引出谬误来。要避免错误,运算自动化必须要受到适当的监控。例如,思维何时可以"起飞","起飞"的条件是否满足(如所选公式是否正确),"飞行"中的规则是否出错,是否"飞"出了范围,以及自动化运算所得结论的检验与修正,这些问题最终仍是和问题的情境密不可分的。所以,运算自动化的功能能否得到正常发挥,不仅仅是一个与符号相关的问题,更要紧的是意义的把握。

5) 提供反省对象

根据皮亚杰的观点,逻辑数学知识的形成需要一种不同于经验抽象的反省抽象活动,它是人们对自己的协调活动过程的抽象。当学生进入基础性活动以后,为了从实际经验中抽象出数学意义,要将本人与自己所做的行为隔开,将当前的状态变为思考、检验的目标。这样,活动中产生的直觉经验就有可能转变、升华为理性的观点和思想,得到新的理解和领悟,或是归结出高一层次的结论。在这样的进程中,用符号表示数学的直接经验、过程所起的作用是,让经验事实有了象征或替身,给原先在心理上还显得虚无飘渺的思考对象一个落脚点,为反省抽象提供可以直接正视的物质性对象。心理意义转化为一个实体,那么高一层次的思维在密切关注、索取信息、组织加工、捕捉灵感时就有了实实在在的根基。

从符号表达的角度就可以看出,拉格朗日微分中值定理是泰勒公式的特例。这种理解的获得,正是通过对拉格朗日中值定理符号表达式的反省。如果只是考察它的图象形式就提炼不出如此的思想,符号对反省的作用显而易见。

在数学的过程化概念向对象化概念脱胎的过程中,就是利用符号表达过程。例如,用 $f'(x)$ 表达极限 $\lim\limits_{\Delta x \to 0} \dfrac{f(x+\Delta x)-f(x)}{\Delta x}$,可以将顺序性步骤一揽子把握起来,获得一个整体概观,反省其中的实质性意义,孕育出数学对象:导数。符号 $f'(x)$ 在导数的四则运算中被进一步反省。

在数学学习过程中,反省活动可能不一定都要以符号表达为反省对象,但符号所具有的内容、形式简洁地共存的长处,非常有利于反省抽象活动将内容与形式分离开来,作概括或抽象处理,得出高层次的数学概念。例如,我们反省 $a^x \cdot a^y = a^{x+y}$ 及 $\lg a + \lg b = \lg(a \cdot b)$,得出 $f(x) \cdot f(y) = f(x+y)$ 及 $g(a) + g(b) = g(a \cdot b)$ 这些特殊的结构时,我们完全是将符号的内容与形式分离,得出形式化的结构。由此可以看出,数学符号的作用除了恰当地反映出已有事实、结论外,还能变符号和符号结构为数学研究的对象,发展出像群、环、域那样的形式结构理论来。可以认为,近、现代数学的迅速发展,简洁符号的使用有着功不可没的作用。

第二节　学生对数与代数的理解

数与代数在整个义务教育阶段与高中阶段具有丰富的内容。这里,我们主要关注有理数、无理数、复数和代数部分的字母(表示数)、方程、函数的学习。

1. 数的理解

1.1　有理数

有理数概念其实很复杂。有研究认为,有理数概念由五个不同的子结构组成:部分与整体、对离散量或连续量的度量、商、比和算子。不同的子结构代表有理数概念的不同方面,这些子结构形成内在统一的联系。

欧吉良通过问卷测试和学生访谈的方法对上海六—九年级共 807 位学生进行研究,考察学生对有理数五个子结构以及稠密性的认知特征与差异。

以下两题来自其测试卷,用以考查学生对部分—整体子结构的理解:

1. 小明认为右图中圆和长方形阴影部分表示的数相同，都为 $\frac{1}{2}$；小亮认为不相同，圆中阴影部分表示的数为 2，长方形中阴影部分表示的数为 4。你认为谁说得对？

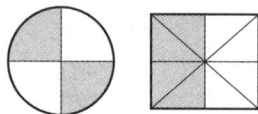

A. 小明对　　　　　　　B. 小亮对　　　　　　　C. 两人都对

2. 用一个或几个数来描述右图的阴影部分，小明认为是 5，而小慧认为是 $\frac{5}{8}$。你认为他们谁说得对？

A. 小明对　　　　　　　B. 小慧对　　　　　　　C. 两人都对

对于第 1 题：选择 A、B、C 选项的学生分别为 45.35％、7.43％与 47.21％。第 2 题，选择 A、B、C 选项的学生分别为 6.27％、27.40％与 66.33％。研究发现：在部分—整体子结构中，对单位 1 的理解受图形类型（连续图形或离散图形）的影响较大。相比连续图形，学生把离散图形中的每一等份理解成单位 1 的表现更好。

负数概念的引入，是具体数学向形式数学的第一次迈进。由于学生已习惯于直观形式，即通过事物的具体数量来表示数，因此，对学生来说，学习负数是困难的。

王传兵对安徽省某中学七年级学生进行问卷调查和个案访谈，探讨七年级学生对负数概念的理解。研究发现：七年级学生对负数概念的表征呈现多元化，其中以"正数前面添加负号"的模式类型最多，其次是"数量大小"的模式类型，再者是几何模式类型。学生没有理解"＋"、"－"号的三种意义：表示运算符号；表示一个数是正数、负数的性质符号；"－"号还可用来表示相反数。特别是当两种或两种以上意义的符号同时出现时容易搞错。七年级学生对于负的带分数，知道其整数部分为负数，却把分数部分看成正数。

盖拉多（Gallardo）运用历史—认识论的分析方法来探讨学生在从自然数到整数转变过程中的认知困难。首先，作者从负数发生、发展的历史中，总结出负数在历史上被接受的四个水平：

减数：数的概念从属于度量，如，在 $a-b$ 中，a 和 b 为自然数，a 永远比 b 大。

相关的数或具有指向的数：在离散领域中，指与一个量相反的量，在连续域中，产生对称的思想；

孤立的数：运算的结果或一个问题或方程的解；

形式的负数：负数的数学含义，此时数的概念包括正数与负数（即今天的整数）。

在对 35 名 12—13 岁的学生进行诊断式访谈后发现，12—13 岁的学生对负数的理解，在前三个水平有所表现，但较少有学生能达到第四水平。

1.2　无理数

无理数的出现，是人类理性思维的结果。无理数最早由古希腊的毕达哥拉斯学派发现，但在其后 2000 多年时间里，无理数都没有严格的定义，直到 19 世纪后半叶,由于魏尔斯特拉斯、戴德金、康托等人的贡献,严格的无理数的理论才真正建立。

菲施拜因等人对 62 名九、十年级学生和 29 名职前教师有关无理数的知识进行了调查研究。研究基于历史和心理学的背景,提出无理数的理解面临两个主要的直觉障碍:不可通约性(两条线段有可能是不可公度的)和不可数性(尽管有理数集是处处稠密的,但并不能覆盖一个区间上的所有点,同时必须考虑无理数点的更加"丰富性")。然而,与预期相反,研究发现,这些直觉障碍在被试的反应中并不明显,但所有水平的被试均不能准确地定义有理数、无理数和实数概念,许多学生甚至不能准确辨别哪些数是整数,哪些是有理数,哪些是无理数或实数。

陈月兰、杨秀娟对江苏省 477 名初中学生进行测试,从无理数的定义与表象、无理数的运算法则及性质三个方面探讨学生对无理数的掌握情况,得出以下结论:

(1)学生对无理数的理解比较片面。多数学生不知道无理数概念的本质,他们往往通过无理数的形式定义来判断一个数是否为无理数。

(2)学生对无理数的表象匮乏——带有根号的数和 π。虽然多数人知道 $\sqrt{2}$ 是无理数,但对 $\sqrt{2}+1$ 是否为无理数几乎没有人能判别。

(3)学生对无理数关于四则运算不具备封闭性这一性质掌握较差。

庞雅丽、李士锜对北京市某中学初三 44 名学生进行研究调查,探讨学生在"不可公度性"、"学习无理数的必要性"、"无理数是数"以及"无理数是无限不循环小数"四方面的信念。结果表明,学生对不可公度性的信念表现出与历史上数学家极大的相似性;大多数学生对"无理数是数"持肯定态度,但 40% 以上的学生对学习无理数的必要性缺乏认识,部分学生偏爱有理数,这影响他们学习无理数的热情;近 60% 的学生关于无理数概念的知识点是孤立的,头脑中缺乏合理的图式结构,这影响他们对概念的理解,对"无理数是无限不循环小数"缺乏坚定的信念;教师的教学方式和关注点对学生的信念存在一定的影响。

1.3 复数

数的概念从实数推广到复数,是一次重大的跨越。学生在对虚数的理解方面存在着困难。根据汪晓勤、方匡雕、王朝和对江苏省某中学 155 名高一学生进行测试调查,研究发现,三分之一以上的学生并不理解和接受虚数,他们对负数平方根有一种排斥和抗拒态度。这与卡丹之后三百余年间数学家们的态度是相似的。约有 8% 的学生认为,数学法则只是人为的规定,这正应验了高斯所说的"对许多人来说,虚数似乎只是一种符号游戏"。研究过程中发现,有些学生会盲目地将 $a \geq 0, b \geq 0$ 时成立的 $\sqrt{a} \times \sqrt{b} = \sqrt{ab}$ 推广到 a、b 为负的情形,这完全重蹈了欧拉的覆辙。

2. 代数的学习

2.1 字母

弗赖登塔尔指出,"代数开始的典型特征是文字演算",用字母可以表示运算法则、运算律以及计算公式;用字母还可以表示现实世界和各门学科的各种数量关系;用字母表示数,便于从具体情境中抽象出数量关系和变化规律,并确切地表示出来。

在算术中,有时也出现过字母,例如将 10 000 克表示成 10kg,记 100cm＝1m,等等。这里的字母是有关单位的单词的省略表示,即 kg 是千克,cm 是厘米。到了代数中,字母就成了数学对象。如果称"k 是 m 的 3 倍",就记为 $k=3m$。

实际上,字母在代数中的使用很类似于数学史中的情况,分别用以表示各种意义的对象。一般最初是表示未知数,即方程中要求的量。而后是表示已知量,如系数 a 或 $s=\pi r^2$。最后是代表变量,函数中的自变量,或一个集合中的任意一个元素。

英国的 CSMS 小组于 1976 年对 3 000 名 13 至 15 岁的学生进行调查研究,区分出学生使用字母的六个水平:

(1) 给字母赋值:一开始就要用数值来代替字母使用。

(2) 忽视字母的意义:字母被忽略掉,或是只承认它,但不给它任何含义。

(3) 视字母为具体对象:字母是具体对象的表示记号,或者就是对象本身。

(4) 视字母为特定的未知数:字母是一个特殊的未知量,可以对它作运算。

(5) 视字母为广义的数:字母可以代表几个数,且不一定是未知量。

(6) 视字母为变量:字母代表一个范围内的非特定的数,而且在两组数之间可能存在一定的关系。

他们的研究指出,学生在使用某一个水平意义上的字母时,会受到问题的性质和情境的影响。但常见的情况是,虽然在教学中表达了对象的一般性,但只有较少一部分学生能将字母看成是广义的数。有能力将字母当作变量的就更少了,较多的学生是把字母解释成特定的未知数,13 岁的学生中有 73%,14 岁中有 59%,15 岁中有 53%的人或是将字母当作具体对象,或是忽略字母。从认知发展的角度看,学生的认知能力要上升到一定高度,有了一定的发展后,才能达到视字母为变量的水平。

我国王长沛主持的相应研究,也有类似的结果,同时还指出,有些初中学生已经把字母看作变量,而有些高中学生却仍然一看到字母就直接给它赋一个值或忽略字母,同龄的孩子对字母表示数的认识可能有六年的差异。

毛志挺认为:CSMS 测验把字母所处题目结构的复杂性作为测验内容的其中一个标准,无形中干扰了学生对字母表示数的理解的真实水平;另一方面,该测验采用团体测验的形式,反映的情况也是被考察群体对字母表示数的总体理解程度,并不能很好地反映每一个学生的具体情况。其研究尽可能减少字母所处题目结构的复杂性对学生理解水平的影响,旨在设计一个能反映中国学生特点的字母

表示数理解水平的个体测验量表,将学生对字母表示数的理解程度划分为四级:

水平 1:了解水平:对字母表示数的大多数意义达到感性的、初步的认识。

水平 2:理解水平:对字母表示数的大多数意义达到理性的、能比较差异的层次。

水平 3:掌握水平:对字母表示数的意义在理解的基础上达到能举例、能解决一般问题的技能。

水平 4:灵活运用水平:对字母表示数的意义理解并能综合其他知识达到灵活的程度,且形成了能力。

郑毓信认为,对于字母(更为一般地说,就是符号表达式)意义的把握,可以区分出两种不同观点:其一,是指将字母看成所要求取未知量的直接取代物,此时关心的是如何通过具体的计算以求得未知量,他把这种观念称为"程序性观点";其二,字母(符号表达式)被看成直接的对象而并非具体数量的取代物,此时关注的主要是式与式之间的相互关系,特别是,可对各种符号表达式实行一些新的运算(如果说对具体的数量实施的主要是加、减、乘、除等算术运算,那么,对符号表达式所实行的就可以说是高一级的运算,如合并同类项、因式分解等),在这样的理解下,字母(符号表达式)就成了整体性代数结构的一个组成部分,他把这种观点称为"结构性观点"。

2.2 方程

方程集字母、代数式、等号于一身,集中体现了代数概念的过程和对象,程序与结构的二重性。方程的结构既包含了等量关系,又包含了代数式的运算结构和等式变形的结构。对方程结构的理解,应在学生头脑中形成对等式的对称性和传递性概念,即等式左右的等价性观念,但许多学生很难达到这一点。张奠宙认为,数学教材中的方程定义,历来是采取外在的逻辑形式,含有未知数的等式叫方程。但这样的定义没有触及数学的本质,方程的数学本质是为了寻求未知数,在已知数和未知数之间建立一种等量关系。为了认识"未知数"先生,必须请"已知数"先生为媒介,找到一种平衡关系,由此就能认识"未知数"先生了。

学生学习方程时,首先涉及到对等号的理解。在算术中,等号先是指示去做一个算法,然后表明答数是什么。其基本意义是指从左到右的单向的运算。例如,$12-2.4=9.6$,表示被减数 12 与减数 2.4 作一个减法,由此得到差 9.6,但是,在代数中等号除了在一些场合中也有这种意义外,更多情况下是表达量的对称、平衡或传递关系,是一种显示相等的关系结构,一种状态:相等、等价、同类或平衡。这时,等号就不一定仅仅只是运算过程,而是一个思维对象,表明关系状态。例如,$(a+b)^2=a^2+2ab+b^2$ 就表达了一种恒等的关系,应当同时理解为可从左化到右,也可从右化到左,分别根据情境需要而加以利用。因此,等号的含义到了代数中需要加以拓广。

如果学生对等号的理解停留在算术水平上,那么在理解与使用上就会产生问题。例如,要是强调"做一个运算",那就会对 $4+3=6+1$ 这样的式子表现出疑问:

4+3 为什么要等于 6+1,而不是 7 呢？一定要解释为 6+1=7,4+3=7,需将运算做完,才会表示满意。又如,初学解方程时,总有一批学生会写上几个多余的等号。因为在学生的思想里,凡是要进行运算,要求得某一个结果,就一定要加上等号。

也有一些学生,是将等号看作为一个关系结构中的"隔离"符号,忽略了它的相等、平衡的意义。例如某学生解方程：

$$2x+3=5+x,$$

会得到

$$2x+3-3=5+x,$$
$$2x=5+x-3,$$
$$2x=2+x$$
$$2x=2+x-x,$$
$$2x-x=2,$$

......

这样一系列中间的错误步骤表明,他未左右同步地做同一运算。我们可能会将其中的原因归结为没有理解和掌握解方程的同解原理。更深入一点分析,可能是他对等号这个认知对象的意义存在认识错误。在每一步只单独考虑左边或右边的运算时,忽略了等号所表达的应有的平衡关系,这同样暴露他对等号概念的进化存在着理解方面的问题。

方程及其解法的认知,需要在字母、代数式、等号这三个方面具有理解的基础。而在解文字题或应用题时,采用算术方法与采用代数方法所考虑的对象是不一样的,这是学习算术过渡到学习代数的一个关键问题。在算术中,学生首先考虑的是用什么样的运算。而在代数中,列方程时先要把问题情境和量的关系用符号表示出来,不是先考虑解法。因此,思考的目的是不同的。其次,在选择什么样的运算时也有很大差别,例如,"4 加上一个数的 3 倍,和为 40,求这个数"。学生学算术时,要选用的是"逆运算"。题中讲"3 倍",则算法选用"除以 3",题中讲"和",算式中却要用减法,由此得到 $(40-4)\div 3$。而在代数中,设定 x 表示所求的数后,按照题意,即得 $4+3x=40$。两种思考方式恰好相反,而且列代数方程的方法似乎更直观一些。如果学生受到算术思维的影响强烈的话,列方程时可能选错运算。

解方程的学习过程中也存在着不同认知水平的方法,大致如下：

(1) 直接利用有关算术的结论；

(2) 数数的方法；

(3) 代入法；

(4) 直观法；

(5) 两边做同一运算；

(6) 移项法。

前两种方法通常不在课堂上教,但学生在解题时,特别是初学简单的方程时会利用。如解 $5+x=9$,那么由 $5+4=9$,或者从 5 开始,往前数 4 步,得 9,于是得到 $x=4$。

数学教学心理学

代入法是一种尝试—错误方法。先估计一个数，代入方程中的 x，看左右是否相等，然后再作调整。这种方法盲目性很大，费时间，又有较重的记忆负担，但它却是检验根是否正确的好办法，它对理解方程的平衡意义有好处，有利于学生掌握两边做同一运算的形式方法。

直观法是指，如有 $5x+4=29$，那么应有 $25+4=29$。于是有 $5x=25$，又可得 $x=5$。甚至像 $69-\dfrac{96}{7-x}=37$ 这种方程也可以用直观法来解：69 减去什么等于 37？得 32。96 除以什么等于 32？得 3。7 减去什么等于 3？得 4。所以 $x=4$。但这不是一种可推广的方法，遇到复杂一点的问题就行不通了。

后两种方法是学生要学的形式的方法，它们以同解原理为基础，要对未知数进行运算，步骤的目的和意义不直观。通常可以认为，形式方法与前几种方法之间存在一个"教学法的鸿沟"，是从算术功能到代数功能的转变，特别需要在教学法上加以注意和弥补。形式方法中，重点是移项，或两边作同一运算，教师当然认为前者是后者的简化方式，但学生却不一定是这样认识的。后者强调了对称性，而前者却使这一点变得相对隐蔽了。实验表明，喜欢用移项的方法解方程的学生并不一定自觉地认识到这种步骤的真正来源，有不少人只是照着做罢了。

有一项实验对方程求解的直观方法、形式方法作了研究，并与先直观，后形式的教学方法作了比较。结果是，只学直观法的学生成绩最好，只学形式法的成绩最差。这说明，只学形式方法的学生可能在把方程当作具有形式的、结构的运算对象，以方程为对象进行运算等方面还缺少概念上的认知准备。研究还发现，一些学生在学习了形式方法后，就放弃了直观的方法及代入法，结果连根的检验也放弃了，原因可能是形式技巧会妨碍学生的直观能力。

还有一种对方程的结构性认识不足的表现。例如，要求解方程：

$$\frac{1}{2}\left\{\frac{1}{2}\left[\frac{1}{2}\left(\frac{1}{2}x^2+4\right)+4\right]+4\right\}=6,$$

常常会有不少学生只对左边进行一步步比较复杂的化简运算，直至脱去所有的括号：

$$\frac{1}{2}\left\{\frac{1}{2}\left[\frac{1}{4}x^2+2+4\right]+4\right\}=6,$$

$$\frac{1}{2}\left\{\frac{1}{8}x^2+3+4\right\}=6,$$

$$\frac{1}{16}x^2+\frac{7}{2}=6,$$

······

显然，学生没有将方程的左右平衡的结构性质利用起来，依然停留在算术水平上考虑化简问题，这就使得运算复杂化了，比较容易出错。

2.3 函数

函数概念是近现代数学中的一个核心概念,它标志着常量数学向变量数学的过渡。20世纪以来,世界各国的中学数学内容也从以解方程为中心转到以研究函数为中心。函数具有许多复杂的层次以及相关的下层概念,因此,函数历来是中学生感到最难学的数学概念之一。从认知方面看,函数既可以当作过程,也可以当作对象。过程,即是由一个量去求出另一个相关的量,是联系定义域、值域之间的对应过程。而对象,则是一种特定结构,或整体性的指派,并可以被运算,例如被平移、放缩、求导、求积。两者之间有明显的性质差别。

弗赖登塔尔指出,我们的世界不是一个静化的相关体系,而是一个变化的领域,一个变化的对象相互依赖的领域。函数就是一种特殊的,即称为自变量与因变量的两个变量之间的依存关系。但是,目前的函数定义比较忽视这种函数的依存性的思想。很多教科书常常将函数定义为两个集合的元素之间的关系,并使得定义域中的每一个元素只有一个象。现代的一些定义也提到了对应法则,但是依赖性却不那么强调。于是,课堂上就常常强调了结构性而不是它的过程性。然而调查表明,大部分中学生是用过程的观点来理解函数的。在他们学习了函数概念的形成结构定义后,他们究竟是用什么方式想象函数的?大部分学生说,对于x,找出相应的y的值。这种过程或运算的观点,占据了一种支配地位。所以,如果中学所教的函数概念偏向于结构性定义,而不是倾向于运算过程的话,这种教学法就可能不是很有效。学生在学习过程中,在达到结构性的理解前要停留很长一个阶段,需要做好铺垫工作。因此,按照发展方向,在转入结构性定义以前多多培养学生对算法、过程的理解,打好基础,做好准备是必要的。

由于函数通常在代数课中由形式定义引入,是一个定义域、值域之间的对应,最初所用的表象是映射图、公式,然后推广到有序数对、表格或笛卡尔平面图象。于是函数教学就包括了表示各种水平的过程性的或结构性的表象。用数学语言可以将函数关系表示成三类:

(1)几何表示:图象,图画,直方图,曲线图;

(2)算术表示:数,表格,序偶;

(3)代数表示:字母,符号,公式,映射。

根据斯法德(Sfard)的分析,图象是结构性概念的表象,而代数表达式是运算性概念的表象。

马科瑞茨(Markorits)等曾对九年级的学生的函数的作图作了分组对比研究,目的是了解不同情境对作函数图象的影响。一个组的学生数学能力较强,另一组则较弱,他们都在数学和科学(包括物理、化学、生物、常识等)等课中学过用图象表示函数。在要求他们描出坐标平面上的非共线的点组成的函数图象时,大部分同学画的是分段的线性函数,即两个点之间以直线段连接,而不是画成光滑的曲线形状。而在能画出非线性图形的学生中,能力强的学生在纯数学问题中做得较好,在应用性

数学教学心理学

问题中做得相对差一些,能力弱的学生则正好相反。这可能意味着,能力强的学生在函数概念的学习中,从过程过渡到结构对象要比能力弱的学生更早更快。

德雷菲斯(Dreyfus)和艾森伯格(Eisenberg)的一项研究调查了六至九年级的学生的函数概念的直观基础,问卷涉及到函数的具体和抽象情境下的象、原象、增长率、极值、斜率的问题。研究表明,能力强的学生喜欢从图象来分析问题,能力弱的学生则喜欢从表格数据来分析。原因可能是,能力弱的学生能比较容易地从表格中得到信息,而从图象中找信息对他们来说可能更难一些,显得不那么直观。

马科瑞茨等人另一项研究比较全面地指出了函数学习中常见的问题:

(1)学生在遇到的各种性质的问题中,有三类函数较难掌握:常数函数、分段函数和由离散点表示的函数。

(2)学生对象和原象的概念和表示,不论是以代数方式还是几何方式表示,往往只能部分地掌握。

(3)学生常常会忽视函数的定义域、值域。

(4)学生手头拥有的函数例子,常只限于图象和代数表达式两种,而且代数形式偏多一些。

(5)学生的由图象化为代数表达式的能力,要比由代数表达式化为图象的能力差。这还受到上述(4)的影响。

(6)有关函数的比较复杂的操作技巧是学习的难点。

(7)学生在描绘图象时,会受到线性图形的影响。

(8)上述许多难点,在有约束条件定义的函数的问题中也有不少表现。

有一些研究关注了学生的函数概念认知水平。朱文芳、林崇德的研究指出,初中生函数概念的发展存在着较为特殊的年龄特征,八年级是学生函数概念发展的一个转折点。从八年级以后,学生的文字信息和图形信息加工都明显增强,但将两者进行转换的能力还很低,他们进行正与反、肯定与否定之间相互转化的辩证思维能力还较差;还有很大一部分(将近一半)的学生不能用运动、变化的观点来看待问题。考察同类问题间的联系时,学生还不能脱离开问题的实际内容,概括化地理解抽象的数量关系。曾国光指出,学生对函数概念的认知发展过程可分为三个阶段:(1)作为"算式"的函数;(2)作为"变化过程"的函数;(3)作为"对应关系"的函数。学生是否真正理解函数概念关键在于其表象的形成和发展水平。可以看出,学生对函数的理解不是一步到位的,这也就解释了为什么要分几个阶段教函数概念。

任明俊、汪晓勤发现:高一学生和高三学生用自己的语言对函数的描述涵盖了从 17 世纪莱布尼兹到 20 世纪布尔巴基学派诸多数学家的各种定义,他们的理解与历史上数学家的理解有着高度的相似性。在中学,课本上函数的抽象定义不易于理解和记忆,学生也往往不从定义出发来理解函数;函数概念历史发展过程中的认识论障碍也会成为课堂上学生的认知障碍,在函数概念的教学中,应该恰当地借鉴历史,以帮助学生更好地理解该概念。

濮安山、史宁中依托 APOS 理论探讨高中生对函数概念的理解。该研究根据 APOS 理论的四个阶段编制相应的测试题目，对内蒙古自治区两所学校十到十二年级的 604 名学生进行调查。研究发现，大部分学生达到操作阶段和过程阶段，很少的学生达到对象阶段，一部分学生达到图式阶段。无论是重点学校还是普通学校，在对象阶段，随着年级的增长，学生的认识程度在提高。在函数概念的建构的各阶段，重点学校的认识程度整体上好于普通学校，但在图式阶段关于准确表述函数的概念，重点学校的学生反而不如普通学校的学生达到的比例高。无论是重点学校还是普通学校，在图式阶段关于准确表述函数的概念，随着年级的增长，比例在降低。

函数概念难学的原因是什么呢？朱文芳从学生的概念形成水平、不同数学气质类型的影响以及思维发展水平三方面论述了函数概念学习中困难的根源。如几何型学生善于使用形象表示（图象、表格），理解形象化方式的函数关系，且当函数关系或解析式能给予几何图形上的解释时，才感到它是清楚、可信的，进行纯粹解析表示运算时，感觉困难；相反地，分析型学生虽也能作简单函数的图象，但常把图象置于函数本身之外，不把它看作函数的一部分，在函数问题解答中，只靠解析法处理信息，不善于依靠已有图象去理解函数，解释与理解图象的能力差；调和型学生也在实现数与形的有机结合、符号语言与图形语言的灵活转换过程中存在障碍。刘静认为函数学习困难的因素主要有三个方面：函数本身的复杂性；中学生思维发展水平；初高中函数衔接问题。

第三节　教学建议及案例

教师在数与代数的教学中如何把握学生的认知困难并实施有效的教学对策？本节将提出若干教学建议，并呈现一个具体的教学案例。

1. 促进学生从算术思维向代数思维过渡

算术的基本对象是数，而代数中出现了更具广泛意义的符号。算术思维的核心是获取一个（正确的）答案，以及确定获取这个答案与验证这个答案是否正确的方法；而代数思维则是由关系或结构来描述的，它的目的是发现（一般化的）关系或结构，并把它们联系起来。因此，学生在从算术思维向代数思维的过渡中，思维层次要经历从个别到一般、从具体到抽象的飞跃。

郝斯柯维斯（Herscovics）和林切夫斯基（Linchevski）根据方程中未知数的个数、对未知数操作的次数不同设计了四组方程，对 22 名从未正式学习过代数的学生进行了调查，发现学生在解 $ax \pm b = cx \pm d$ 以及 $ax \pm bx \pm c = d$ 这两种形式的方程时遇到了困难。他把这种困难称之为"认知差距"（cognitive gap），即学生不能在未知数上进行运算。

基兰认为,在算术到代数的过渡阶段,即使学生对算术已经很熟练了,他们仍需要对自己的思维方式进行调整。她给出了发展代数思维的 5 种调整类型:

(1) 关注关系而不仅仅是数字答案的计算;

(2) 关注运算及其逆运算;

(3) 同时关注问题的表征与问题的解决,而不仅仅是解决;

(4) 同时关注数和字母,而不仅仅是数;

(5) 对等号意义的再理解。

综上,我们可以看出要有效促进学生从算术思维向代数思维的过渡,教师首先应该拥有"代数的眼睛和耳朵",发现算术中潜在的代数结构,这样才能有效发展学生的结构意识。如藤井引入"准变量"(quasi-variable),向学生介绍代数思维。他的做法是让学生写算术句子,保持等号两边的恒等性。如:$78-49+49=78$,78 和 49 可以看作是准变量,表明如果给一个数字减去一个数字再加上同一个数字,那么这个数字保持不变。学生在正式学习代数之前,就逐渐熟悉了变量的概念。其次,教师在数学应创设恰当的问题情境,如"鸡兔同笼"这样的问题,让学生看到代数方法和算术方法的相似与差异,逐渐意识到代数方法的优越性。

2. 教师应关注代数的建模作用,加强代数与现实的联系

20 世纪 80 年代,美国提出了"问题解决"的口号,并被各国数学教育界所普遍接受。《全日制义务教育数学课程标准(实验稿)》指出,"数与代数"中的数与式、方程与不等式、函数,都是研究数量关系和变化规律的数学模型。如方程是刻画现实世界相等数量关系的数学模型;函数是刻画现实世界数量变化规律的数学模型,可以帮助人们从数量关系的角度更准确清晰地认识、描述和把握现实世界。

《全日制义务教育数学课程标准(实验稿)解读》中指出数学建模的过程大致可以用如下框图来说明:

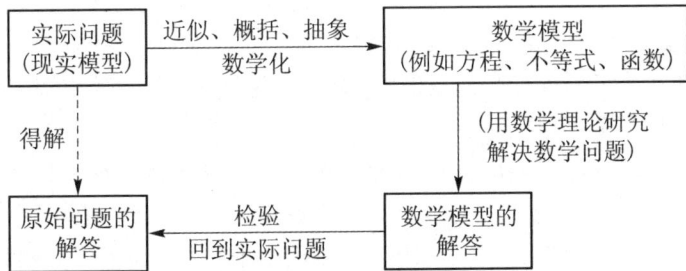

在数与代数的数学中,应该结合具体的教学内容采用"问题情境—建立模型—解释、应用与拓展"的过程来进行,使学生体会数学可以帮助人们发现、描述、分析客观世界中多种多样的模式,把握事物间的数量关系和变化规律,发展自身的数学应用意识及初步的数学应用能力。

例如,探索杯中水面的高度与投入水中的玻璃球数量之间的关系。每次投入球后,记录杯中水面的高度:

测量次数	1	2	3	4	5	6	⋯
玻璃球个数							⋯
水面高度							⋯

这个问题来源于《伊索寓言》中的"乌鸦喝水"问题,其可以抽象成函数模型:水面高度随着玻璃球数量的不同而不同,两者存在依赖关系,即水面高度是玻璃球个数的函数。并且,这种依赖关系随着杯子形状的不同而不同。如果杯子是圆柱形,则两变量之间是一次函数关系。

3. 加强现代信息技术与"数与代数"教学的整合

把现代信息技术引入数学教学,是数学教育改革发展的趋势。《标准》"把现代信息技术作为学生学习数学和解决问题的强有力的工具"。信息技术在教学中所发挥的作用有四个层次:作为教学的主宰(master)、作为教学的支持者(servant)、作为教学的合作者(partner)、作为教学发展的推动者(extension of self)。

通过现代信息技术,数与代数内容中一些与数据处理有关的繁难运算,都能通过计算机(器)进行;一些过去只能通过思维、表象和想象领会的数学内容,可以得到直观的表示和处理。

目前在数与代数的教学中,应用最多的是计算器,如利用计算器探索规律。例如,人教版八年级上册:

用计算器计算 $\sqrt{3}$(精确到 0.001),并利用你发现的规律说出 $\sqrt{0.03}$,$\sqrt{300}$,$\sqrt{30000}$ 的近似值。你能根据 $\sqrt{3}$ 的值说出 $\sqrt{30}$ 是多少吗?

图形计算器在一些发达地区也有所使用。它具有强大的多重表示功能,本身可以作为数学活动的工具。在传统的教学条件下,对那些数据复杂、作图精度高的问题,教师在黑板上处理起来很困难,而如果利用图形计算器,就能促成教学方式的改变,提高教学效率。

杨清泉认为在函数学习中,图形计算器有利于加深学生对函数知识的理解,挖掘函数知识中蕴含的重要思想方法,领悟数学的本质;有利于掌握函数知识的重点,突破函数知识的难点,构建完整的函数知识体系;有利于解决函数型实际应用问题,逐步培养科学研究的态度和意识。例如,在指数函数的学习中,如果用"描点法"作出 $y=2^x$,$y=\left(\dfrac{1}{2}\right)^x$ 两个图象,然后给出指数函数 $y=a^x$ 的性质。学生可能不明白为什么要把底数 a 分为 $0<a<1$ 和 $a>1$ 两种情况加以讨论。如果运用图形计算器,就可以引导学生完成函数 $y=2^x$ 的对应值表,作出图象,并在信

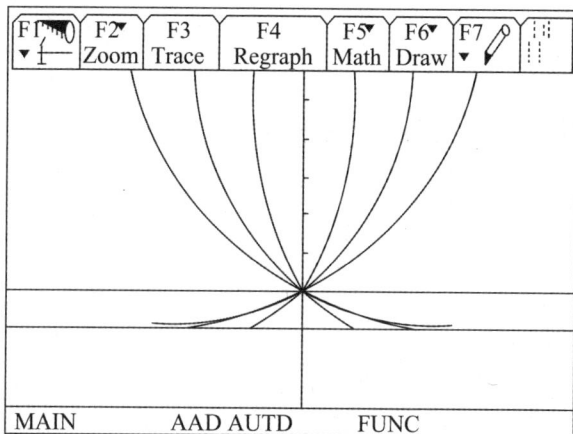

息技术环境下动态观察图象,形成对指数函数性质的感性认识,再让学生自由选择 a 的值,并用图形计算器在同一坐标系内作图。在此过程中,学生可清楚地看到底数 a 如何影响并决定着函数 $y=a^x$ 的性质。由于函数的图象随着 $0<a<1$ 和 $a>1$ 自然聚集(如上图),学生可以清楚地看到 $a=1$ 这条分界线,而函数的定义域、值域、单调性、特殊点$(0,1)$等更是一目了然。然后再通过 a 的连续变化来演示函数图象的变化规律,从而让学生更直观、更清楚地"看到"函数 $y=a^x$ 的性质。通过现代信息技术,使教学的开放性、探索式学习等成为可能。

4. 教学案例

下文"一次函数"的教学案例选自胡余建主编的《初中数学教例剖析与教案研制》一书。

一、教学目标

1. 知识与技能

使学生结合具体情境体会一次函数的意义,理解一次函数和正比例函数的概念,能根据所给的条件写出简单的一次函数的解析式,能用一次函数解决简单的实际问题。

2. 过程与方法

通过经历一次函数概念的抽象概括过程,渗透数学建模思想,发展学生的抽象思维,培养学生的创新精神和实践能力。

3. 情感、态度与价值观

让学生感受知识源于实践又作用于实践的辩证唯物主义观点,体验数学的价值,增进学数学、用数学的意识。

二、重点、难点

重点:一次函数概念的形成及一次函数的意义,应用一次函数解决实际问题。

难点:课本例 2 中所得税的计算,这一类问题学生了解不多,理解起来比较困难。

三、教学过程(具体如下表)

教学环节	教学内容	设计思路
创设 情境 引出 概念	➤ 师:做一个弹簧秤挂物体的实验: 这是自然长度为3cm的弹簧秤,在下面挂上不同重量的物体(已准备好砝码),你们看它的长度有什么变化,把测量出的数据填入表中相应的空格。 | x/g	0	1	2	3	4	5 | |---|---|---|---|---|---|---| | y/cm | 3 | 3.5 | 4 | 4.5 | 5 | 5.5 | 师:从这些数据中你能发现什么规律? 生:当挂的物体重量每增加1g时,弹簧就伸长0.5cm。 师:弹簧长度y(cm)与物体重量x(g)的关系如何? 生:$y=3+0.5x$。 师:对,我们可以把它写成$y=3+0.5x$,再看下面的问题。 ➤ 师:某汽车油箱中有汽油100L,汽车每行驶50km耗油9L。 (1) 完成下表: | 汽车行驶路程x/km | 0 | 50 | 100 | 150 | 200 | 250 | 300 | |---|---|---|---|---|---|---|---| | 油箱剩余油量y/L | | | | | | | | (2) 你能写出x与y之间的关系式吗? 师:分析一下剩余油量的步骤。 生:先求出每千米耗油量为$\frac{9}{50}$L,行驶x km耗油$\frac{9}{50}x$ L,再用原油箱中的汽油量减去用去的汽油量就可以了。 师:根据以上数据及计算剩余油量的方法,写出y与x的关系。 生:$y=100-\frac{9}{50}x=-\frac{9}{50}x+100$。 师:油箱中的油总要耗尽的,能算出汽车最多可以行驶多少路程吗? 生:∵ $100-\frac{9}{50}x\geq0$, ∴ $x\leq\frac{5\,000}{9}$。 汽车能行驶的最大路程为$\frac{5\,000}{9}$km,因此x应满足$0\leq x\leq\frac{5\,000}{9}$。 师:$y=0.5x+3$与$y=-\frac{9}{50}x+100$这两个函数关系有什么共同特征? 生(众):都是$x$的一次式。 师:既然两个函数都是$x$的一次式,我们能否给它们一个合适的名称? 生:叫它们为一次函数,因为自变量为一次是它们的共同特征。 师:对!命名的方法是正确的,抓住事物的共同特征,对事物进行科学命名,是科学研究的基本方法,下面我们继续来研究一次函数。 (教师板书课题:一次函数)	通过实验来引入新课,吸引了学生的注意力,激发学生的求知欲,也能让学生体会到数学来自生活。概念的引入是学生在具体的情境中通过观察、归类后进行的,让学生能更深刻地理解概念。让学生给概念命名,并给予肯定,让学生体验成就感。

教学环节	教 学 内 容	设计思路
展示新知 加深理解	➤ 师:经过前面的分析,一次函数都可以表示为自变量的一次式,我们不妨把它写成 $y＝kx＋b$,通常我们用 k 表示一次项系数,b 表示常数项。这里 k,b 有没有什么限制呢? 生甲:$k≠0$ 且 $b≠0$。 生乙:$k≠0$,但 b 可以为任意实数。 师:既然有两种意见,大家可以讨论一下。 生丙:$k≠0$,否则一次式就不存在了。若 $b=0$,则 $y＝kx$,还是 x 的一次式。 师:若 $b=0$,$y＝kx$ 是一个特殊的一次函数,我们把这个函数叫做正比例函数,k 叫做正比例系数。 生:我懂了,这与小学讲的 y 与 x 成正比例,可以表示成 $y＝kx$ 一样。 师:有没有区别呢? 生:小学讲的正比例系数 k 只能是正数,在正比例函数中的比例系数 k 也可以是负数,只要不为零就可以了。 师:综上所述,一般地,一次函数的解析式为 $y＝kx＋b(k≠0)$。 　　(板书:一次函数的概念) ➤ 师:写出下列各题中 y 与 x 之间的关系式,并判断 y 是否是 x 的一次函数,哪些函数是 x 的正比例函数? (1) 汽车以 60km/h 的速度匀速行驶,行驶路程 y(km)与行驶时间 x(h)之间的关系。 (2) 圆的面积 y(cm²)与它的半径 x(cm)之间的关系。 (3) 一棵树高 50cm,每个月长高 2cm,x 个月后这棵树的高度为 y(cm)。 生甲:(1) $y＝60x$,y 是 x 的一次函数,也是 x 的正比例函数。 生乙:(2) $y＝\pi x^2$,y 不是 x 的一次函数,也就不是 x 的正比例函数。 生丙:(3) $y＝50＋2x$,y 是 x 的一次函数,但不是 x 的正比例函数。 ➤ 师:请同学们自己编几个一次函数的题,同桌相互检查。	启发学生思考质疑,提出不同的见解,引导学生探求新知,在此层层设疑,才能发展学生的思维,这也是《全日制义务教育数学课程标准(实验稿)》对数学教学的最基本的要求。通过对 k、b 取值范围的讨论,可以使学生进一步明确一次函数的本质属性与非本质属性,有利于学生从实质上把握概念。 让学生自己编写一次函数是一个由一般到特殊的过程,促进学生对概念的理解。
实际应用	➤ 师:我国现行个人工资、薪金所得税征收办法规定:月收入低于 2 000 元的部分不收税;月收入超过 2 000 元的部分征收 5% 的所得税。如某人月收入 2 960 元,他应缴个人工资、薪金所得税为(2 960 －2 000)×5%＝48(元) (1) 当月收入大于 2 000 元而又小于 3 000 元时,写出应缴所得税 y(元)与收入 x(元)之间的关系式。 生:当 2 000＜x≤3 000 时,$y＝5\%×(x－2 000)＝0.05x－100$。	用生活中的事实为例,让学生感受"数学就在身边"。在讲解中对课本的例题适当加深,开阔学生的知识

第五章　数与代数的教与学

教学环节	教 学 内 容	设计思路
培养能力	师:王老师月收入为2 760元,他应缴所得税多少元? 张老师上月缴所得税为19.2元,他上月收入又是多少元? 生甲:当 $x=2\ 760$ 时,$y=0.05\times2\ 760-100=38$(元),所以,王老师应缴税38元。 生乙:张老师上月缴税19.2元,即当 $y=19.2$,$0.05x-100=19.2$,解得 $x=2\ 384$,所以,张老师的月收入是2 384元。	面,为今后的学习打好基础,用一次函数解决实际问题,让学生初步形成数学建模的思想。
课堂练习 归纳小结	➤ 某种大米的单价为2.2元/千克,当购买 x 千克大米时,花费 y 元,y 是 x 的一次函数吗? 是正比例函数吗? ➤ 如下图所示,甲、乙两地相距100km,现有一列火车从乙地出发,以80km/h的速度向丙地行驶。设 x(h)表示火车行驶的时间,y(km)表示火车与甲地的距离,写出 y 关于 x 的函数关系式,并判断其是否为 x 的一次函数。能否求出3h后火车离甲地的距离? 当火车离甲地500km时,它行驶了多少时间? 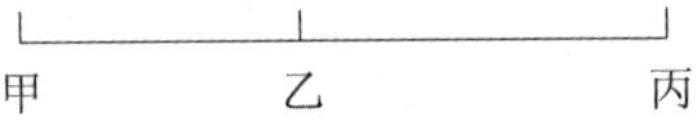 甲　　　乙　　　　　丙 ➤ 师:通过本节课学习,你有什么收获? 生:1. 了解了一次函数的概念,一次函数与正比例函数的关系。 2. 一次函数在实际问题中的应用。	让学生自己小结,活跃课堂气氛,做到全员参与,加深对概念的理解,强化了重点,内化了知识,培养了能力。
迁移拓展	➤ 将长为30cm,宽为10cm的长方形白纸,按如下图所示的方法黏合起来,黏合部分的宽为3cm. (1) 求5张白纸黏合后的长度。 (2) 设 x 张白纸黏合后的总长度为 $y$cm,写出 y 关于 x 的函数关系式,并求当 $x=20$ 时 y 的值。 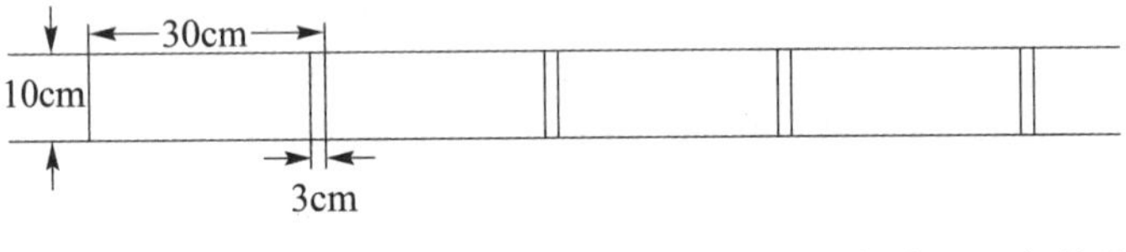 10cm ⟷30cm⟷　　　　3cm ➤ 某居民小区按照分期付款的形式福利售房,政府给予一定的贴息。小明家购得一套现价为120 000元的房子,购房时首期(第一年)付款30 000元,从第二年起,以后每年应付房款为5 000元与上一年剩余欠款利息的和,设剩余欠款年利率为0.4%。 (1) 将第3年和第10年的应付房款填入下表中:	与现实生活加以联系,开阔学生的视野,同时培养学生的探索精神。

年 份	第1年	第2年	第3年	……	第10年
交房款/元	30 000	5 360			

数学教学心理学

教学环节	教学内容	设计思路
	（2）若第 $x(x>2)$ 年小明家交付房款 y 元，求房款 y（元）与 x（年）的函数关系式。 ➤ 如下图所示的每个小图由若干盆花组成的形如三角形的图案，每条边（包括两个顶点）有 $n(n>2)$ 盆花，每个图案花盆的总数为 s，按此规律推断，s 与 n 的关系是_____。 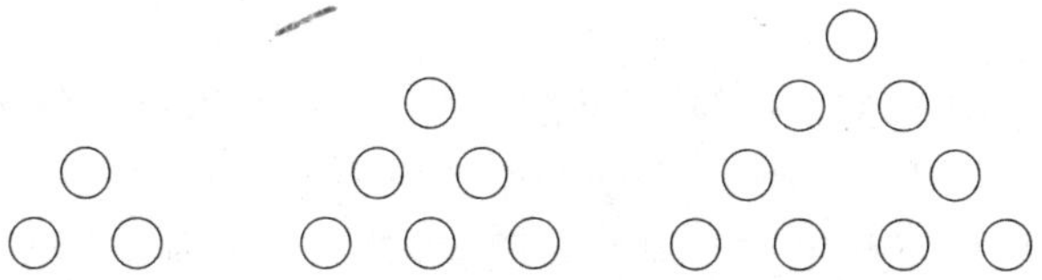 $n=2$，$s=3$　　$n=3$，$s=6$　　$n=4$，$s=9$	

点评：该教学案例通过"弹簧秤挂物"的实验与学生熟悉的"汽车油箱剩余量"的问题把学生引入数学世界，不仅激发了学生的学习兴趣，并且重视了一次函数的建模作用以及与现实生活的联系；同时借助问题情境呈现本节课的教学目标。这是一节"一次函数"的概念课，采用概念形成的方式，帮助学生抓住该概念的本质属性，摒弃非本质属性。

第六章 几何的教与学

　　几何学是一门源远流长的学科,是数学领域里一个极为重要的分支。相传四千多年前,古埃及的尼罗河每年泛滥,致使两岸的田地界限消失。人们不得不每年重新测量分配土地,从而产生了几何学。因此,最初的几何有"土地测量"的意思。

　　中学的几何学习,带有深厚的现实意味。一方面,把几何中的点、直线、平面、几何图形(三角形、圆、球等)看作是现实物质空间有关事物某些(形的)本质属性的抽象;另一方面,又以现实空间里的物质形式对其理论进行检验。不仅如此,在几何的证明中利用图形的移动(平移、旋转等)时,总假定它的形状不变,即把几何放到数学与力学结合成的统一体中去。

　　《全日制义务教育数学课程标准(实验稿)》安排了"空间与图形"这一学习内容。课程内容的学习,强调学生的数学活动,发展学生的空间观念,以及应用意识与推理能力。学生将探索基本图形(直线形、圆)的基本性质及其相互关系,进一步丰富对空间图形的认识和感受,学习平移、旋转、对称的基本性质,欣赏并体验变换在现实生活中的广泛应用,学习运用坐标系确定物体位置的方法,发展空间观念。推理与论证的学习从以下几个方面展开:在探索图形性质、与他人合作交流等活动过程中,发展合情推理,进一步学习有条理地思考与表达,在积累了一定的活动经验与掌握了一定的图形性质的基础上,从几个基本的事实出发,证明一些有关三角形、四边形的基本性质,从而体会证明的必要性,理解证明的基本过程,掌握用综合法证明的格式,初步感受公理化思想。

　　到了普通高中阶段,数学课程分为必修和选修。在必修课程中,有五个模块,其中第二个模块便是几何:立体几何初步、平面解析几何初步。高中阶段数学必修系列课程对几何的基本要求是:认识空间图形,培养和发展学生的空间想象能力、推理论证能力、运用图形语言进行交流的能力以及几何直观能力。

　　在立体几何初步部分,学生将先从对空间几何体的整体观察入手,认识空间图形;再以长方体为载体,直观认识和理解空间点、线、面的位置关系;能从数学语言表述有关平行、垂直的性质与判定,并对某些结论进行论证,并了解空间直角坐标系。学生还将了解一些简单几何体的表面积与体积的计算方法。

由于解析几何的本质是用代数方法研究图形的几何性质,体现数形结合的重要数学思想。因此,在解析几何初步部分,学生将在平面直角坐标系中建立直线和圆的代数方程,运用代数方法研究它们的几何性质及其相互位置关系。体会数形结合的思想,初步形成用代数方法解决几何问题的能力。

本章主要探讨空间与图形的教与学,首先介绍几何认知与教学方面的一些理论,然后探讨学生在几何学习中若干主题方面的理解水平和认知困难,最后在此基础上给出教学建议和教学案例,以期为几何教学提供一些参考与帮助。

第一节　几何的教学理论

本节首先介绍范·希尔(van Hiele)的几何思维层次理论,然后阐述与证明有关的教学理论。

1. 范·希尔的几何思维理论

荷兰数学教育家范·希尔夫妇的几何思维层次理论,在国内外有着广泛的影响。他们认为:学生几何思维的进步,包括了从直观化水平提高到描述、分析、抽象和演绎等水平的过程。

水平 1:直观化(visual)。学生按照外观来识别、操作形状和其他一些几何图形。他们确认图形为直观化的格式塔,学生的推理是由直觉主宰。比如:学生认为所给的图形是矩形,是因为"它们看起来像门"。

水平 2:描述/分析(descriptive/analytic)。学生通过图形的性质来识别图形并能确定图形的特征。例如,一个学生可能认为菱形是四条边相等的图形,因此术语"菱形"指的是"他已学过的所谓'菱形'的性质"的一个集合。然而这个水平的学生看不出两类图形之间的关系,学生推理的对象是图形的分类。

水平 3:抽象/关联(abstract/relational)。学生能形成抽象的定义,区分概念的必要条件和充分条件;他们能理解几何领域的逻辑论证,有时甚至能提出这样的论证。在这个水平,学生推理的对象是图形分类性质。例如:由于任意的四边形都可被分为两个三角形,而每一个三角形的内角和为 $180°$,他们能够推导任何四边形的内角和一定是 $360°$。

水平 4:形式/演绎(formal/deduction)。学生能在公理化系统中建立定理。他们能够区分未定义术语、定义、公理和定理之间的差异,并通过形式推理来解释几何公理、定理等。

水平 5:严密性/元数学(rigor/metamathematical)。学生能够在数学系统中进行形式推理。即使没有参照模型,他们也能研究几何,并能通过对几何陈述(如公理、定理、定义等)的形式操作进行推理。

根据范·希尔的理念,这些水平是不连续的且有等级层次的,如果学生达到了高级水平,那么他必然已经超越了低级的水平。整个过程是发展的阶段和连续发展的相互统一。划分这些水平的主要目的,是正确估计学生的实际认知水平,认识他们的思维现状,用以分析和诊断他们遇到的学习问题或学习障碍。

许多研究证实了范·希尔水平理论能够准确地描述学生的几何思维,尤其是在图形方面的发展。例如,美国发现,大约75%的中学生适用于范·希尔模式,学生的行为通常与范·希尔水平的一般描述相一致。然而,这些学者也发现,这个理论缺乏深度细致的描述。

2. 有关证明的理论

证明是几何学习中经常碰到的内容。我们将从证明的分类、数学教学中的证明以及数学证明的认知水平等三个方面来阐述有关证明的理论。

2.1 证明的分类

对于数学证明的学习,首先遇到一个什么是数学证明的问题。在学生正式接触到证明以前,他们实际上已经具有了一些关于证明的观念。这些证明大致有如下几种:

(1) 个人的经验。例如,有人说下雨了,其他人只要看一看窗外,凭感知就可证实是否下雨。

(2) 权威的认可。如平时写文章,常常引用某某著名人士的话作为论据来论证某些观点的正确性。

(3) 观察到的实例。即用一个或几个实例来验证某个一般性的结论。

(4) 举不出反例。学生常用对答案的方法来确认自己解题的正确性。如果几个同学的答案一致,就可认为做对了。

(5) 结论的有效性。工程技术上常以其公式、算法有效而承认其正确。

粗略地讲,证明可分为两大类型,一类称为实用性证明,例如上述的五类,它们的特点是以事实为依据,另一类称为理性证明,它以一般性水平上的推理论证为依据,特点是思想实验,而不依赖事实。数学的演绎就是理性的证明。

2.2 数学教学中的证明

数学证明作为一种人类的活动,不仅要求学生理解概念定义及其中的逻辑过程,也需让他们了解证明为什么和怎样发生作用。事实上,证明学习不只是单纯地学形式推理,不止仅限于细节的推导,因为还有比演绎推理更重要的宏观方面的认知,例如,认识推理本身的、整体的意义,认识肯定事实、确认结论的必要性,并形成将肯定和确认传达给他人的理念。

巴拉切夫(Balacheff)将数学教学中的证明分为三种:一种是证实(justification),证实的目的是向某个体建立一个陈述的正确性;另一种是证明,是在某一特定时间里向某一部分人转达一种解释;第三种是数学证明,它是必须为数学家所能接受的证明。根据他的观点,如果认为教学的目标是理解的话,那么课堂上应该重视利用和发展解释性的证明,因为解释性证明有助于理解而不是只让学生模仿。

从另一个角度,数学证明又可以分为这样三个水平:(1)使自己信服。在这一水平上,个体形成了一个对某一陈述或命题为什么成立的基本想法;(2)使朋友信服。在这一层次上,因为涉及信息的交流,人们需要将推导过程组织得比较通顺、连贯;(3)使敌人信服。到了这一水平,推理需经细致的分析和精炼,经受得住批评性的反驳。

这种分类实际上蕴涵着这样的思想:学生证明的学习水平可以而且应当作出一定的划分。比如,低年级学生的证明学习可以只停留在第1或第2水平,而高年级的学习也需要有一个发展的过程。应让学生将一个严格的证明从第1水平逐步进展到第3水平,而不必要求一步到位。

2.3 数学证明中的认知水平

作为一种特定的学习活动,数学证明的理解和学习,涉及到对较高水平的数学内容和内在蕴涵逻辑法则的领会和应用,因此是一项高水平的认知活动。李士锜归纳了理解和构造证明的几个组成部分:(1)理解并且能够完成对证实一个陈述所必需的各种可能性的检验;(2)有意识地利用信息中的相关模式或定理;(3)不必参照具体情境建立中间步骤,就能作一连串的推理;(4)能够识别一个概括性结论的有效范围;(5)能正确地解释命题和定义;(6)理解证明的形式构造。

因此,在诊断学生学习数学证明的困难,分析错误产生的原因时,要充分考虑到心理学上关于认知水平发展的观点,注意到学生智力水平的发展程度。例如,学生对有些问题的不理解,方法学不会,可能不仅仅是他们缺乏具体的知识和方法,其症结可能是他们的认知能力还没有达到必要的水平。

皮亚杰就学生的判断和证明概念的水平进行了分析,克莱门斯(Clements)和巴蒂斯塔(Battista)对这些水平进行了全面的概述:

水平1(直到7~8岁):在关于思想真理性方面,缺少观察以及局部结论的整合。由于自我中心,儿童既不设法去理解他人的观点,也不去想如何使别人理解自己的观点。在这个水平结束时,儿童有了一定程度的整合能力和更多的有目的的探究能力。儿童的思维得到更多的指导,儿童开始理解必须整合几条信息或线索才能得出结论。例如,当学生把三角形的角放在一起时,他们能够算出并判断出有三个角的图形可以组成平角,但是他们忽略了角的大小,而且他们没有探究为什么会产生这样的结果。

水平2(7~8岁到11~12岁):随着学生进入这个水平,他们不仅能根据经验结果作出预测,而且开始设法判断自己的预测。此时,归纳和演绎经常会有冲突。例如,在角的这一问题上,学生开始试图分析每一新例中的角。但是,有的时候也会因为不能意识到三个角的大小相互依赖,经常会被角的表象所误导,甚至经常比处在水平 1 的学生程度底。在这个水平的后期,归结、概括发生得更快,更直接。在角的问题上,儿童能建立一个三角形三个角之间的关系,并且在单个三角形中对角的分析以及有关三角之和的归纳概括之间不再有矛盾。

水平 3(11~12 岁及其以上):儿童能进行基于任何假设之上的形式的演绎推理。学生把各种不同的信息整合起来,并判断需从更进一步的行动中获得哪些信息。对角的问题而言,学生从简单地相信角总会组成一个平角发展进步到一个基于逻辑推理的信念——而这是必须也是必然的结果。例如,他们可以解释说三个角组成平角是因为“一个两腰延长了的等腰三角形的两底角并不是直角,顶角补足了这个差额”。然而,学生所使用的逻辑推理不是以形式数学为基础的。因此,学生或许已经相信三个角必须也必然形成一个平角,但是他们通常不能提供一个形式推理。

总之,在水平 1,儿童的思维是非反思性的、不系统的,因而不具有逻辑性。在水平 2,思维是有逻辑性的,但受经验的制约。只有在水平 3,儿童才能逻辑地演绎和在数学系统中有意识地运算。

另外,在儿童的过渡发展时期,还有其他一些因素也会影响他们掌握形式证明的技巧的能力,例如,语言运用能力,书面表达能力。对儿童的逻辑推理能力的研究检验表明,在这些能力方面的要求可能超过了要他们作证明推理的能力的要求。

第二节 学生对几何的理解

关于几何的认知理解,国内外都有很多的研究。1997 年发表的一次调查结果显示:代数得分率高于几何得分率,且差异显著($\mu = 16.60, t < 0.01$);但一个有趣的现象是几何满分人数(2 003 人)反而比代数满分人数(1 424 人)多;学生的代数成绩比几何成绩高,在解答题上学生代数和几何的得分率几乎是一样的,但在基本题的得分率上两者却有很大的差异,代数成绩比几何成绩好,其原因在于学生解答几何基本题上表现较差,而对代数基本知识和基本技能的掌握较好。可以看出,对于中学生来说,几何比代数难学,许多学生连基本题也做不好;其次是两极分化比较严重,优秀学生喜欢几何,几何满分的人数比代数满分的人数多。这说明几何对于许多学生来说的确是很难,教学时应当注意减轻他们的负担。

对初中学生的空间观念、说理与推理、几何语言表述三方面进行调查研究发现,初中学生的几何学习主要存在以下问题:(1)学生对概念和定理的理解,常常停留在表面；（2）学生害怕几何证明题，对证明经常感到无从下手，不知道要做什么，不知道做到哪一步就算证明出来了；（3）学生已有的几何知识之间缺乏必要的联系，导致概念、公式、定理记不住，学过之后就遗忘了；（4）学生的空间观念发展相对滞后；（5）学生对图形语言与文字语言、符号语言之间的转换仍存在困难；（6）在进行根据前提推导结论的演绎推理时，学生经常使用非逻辑方式代替演绎推理；（7）学生"数学问题解决"的意识淡薄，停留在模仿做现成题的水平，遇到需要作辅助线的题目经常束手无策，学生在解决问题时正迁移较难发生。

由此可见，学生在学习几何时，在几何概念上理解不深入，在证明和推理方面存在认知困难，空间图形和推理能力发展滞后，在作图识图、问题解决的能力方面有待于进一步提高。

本节将探讨学生在角的理解、坐标与定位、向量、几何证明与推理和空间能力等方面的认知理解。

1. 角的理解

角是一个什么样的概念呢？这样一个看似简单的概念，却是人类经过了漫长时间的探索和研究才逐渐形成的。由此也可以看出角的定义确实存在一定的难度。

教科书对角的定义有两种："角是具有公共端点的两条射线组成的图形"；"角是由一条射线绕着它的端点旋转到另一个位置所成的图形"。历史上人们对角的理解有三种：认为角是数量，因为它有大小；认为角是一种属性，因为它是一个特殊的形状；认为角是一种关系，因为它需要组成角的线的关系或者包含它的平面的关系。然而每个定义都由于其关注于某一方面因而带有局限性。

凯撒（Keiser）对比了六年级学生形成角的概念的过程与历史上数学家们定义角的概念的过程。他对密歇根州两个六年级的课堂进行了连续五个月的观察与研究，所讲内容为一个基本几何单元——形状与设计。研究主要分为三个方面：（1）当提到角的大小时，要测量的到底是什么？（2）角包含曲线吗？（3）想象 $0°$、$180°$ 和 $360°$ 角时存在的困难。通过研究发现，六年级学生对于角的大小的认识也存在和历史上相类似的困惑。大部分学生认为角是一个数量，因为角在某种程度上可以测量。但学生们在测量角的哪一部分上意见不同，一些学生认为射线越长，角的度量就越大；另外一些学生认为射线之间的面积越大，角就越大。把角视为一种关系的学生不多，然而值得注意的是，其中有一个学生反对把角仅视作两条射线之间的"宽度"或者"距离"，因为他认为如果两条线张开的角度大于 $180°$，就不能测量两条射线之间的线性宽度了。这表明他把角看作是一种关系，但同时也把角视为包含在一个旋转运动中的数量。还有的同学认为"相比八边形，六边形中的边和角有一个更尖锐的点"，并且认为更尖的角是一个更大的角。这种观点就是把角看作是一种属性，即可以有更有角度和更没有角度这种概念。

历史上,数学家们对于角是否包含曲线意见不统一,主要是由于测量含有曲线的角很困难而产生分歧,例如测量下图(图6-1、图6-2)的两个角就存在很大的困难。而学生们在课堂上也产生了曲线是否有角的困惑。有学生认为"大写字母 J 也含有角",即幅度很大的弯曲也是一个角,还有一个同学提出了字母表里特定字母是否有角的问题,并引发了课堂上同学们长久的讨论,这表明很多同学对这个观点都存在着困惑。当要求学生想象 0°、180°和 360°角时,有一个学生的观点非常具有代表性。她认为 180°的角没有两条边,不知道两条边在哪里连接,而 360°角就更困难了,因为她认为角是线,而不把角看成运动。这说明她的困难在于角的旋转方面,所以很难理解这些角。

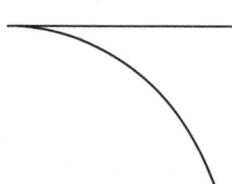 

图 6-1   图 6-2

米切尔莫尔(Mitchelmore)和怀特(White)描述了角的概念形成的四个阶段:第一个阶段,相关位置的相似,比如成人经常会用儿童日常容易见到的东西,比如剪刀、小山、铅笔尖等来介绍角。第二个阶段,情景化的概念,比如让学生举例说明与小山类似的东西,他们会举一些有倾斜度的东西,比如屋顶(国外很多房子的屋顶都是尖的)。第三个阶段,抽象化概念,即标准化抽象概念,例如,学生们可能抽象出弯曲的路、交叉线、斜坡等的相同之处。他们认为,将角描述为有公共端点的两条射线的标准概念时,是角的概念发展的第四个阶段。当学生在形成第一阶段概念的同时,也可能在形成第二阶段概念。

在上面的抽象理论基础上,他们对悉尼 6 所学校二、四、六年级共 144 名学生进行了调查研究,并对 48 名八年级学生进行了访谈。研究结果表明,二～六年级有超过 80% 的学生能够找出标准角(比如折叠的吸管)与情景抽象的角(比如剪刀、折叠扇等),学生们在将车轮或打开着的门与有斜度的山坡相联系时存在困难。有相当大比例的学生不能从车轮以及打开着的门的两条边抽象出角的概念来。因此他们建议说,由于学生很难从情境化中抽象出标准角的概念,在学生初学角的阶段,使用一条线绕着一个端点旋转这种定义并不合适。

由此可见,学生在初学角的概念时存在很多困难,主要表现在对角的定义尤其是用旋转定义角和从情境物体中抽象角的概念方面。

2. 坐标系与定位

空间定位无论在日常生活中还是在几何学习中都是很重要的过程,几何将这个过程通过坐标系形式化。国内在坐标系与定位方面的认知研究相对较少。

萨拉马(Sarama)等对四年级学生进行了访谈、测试以及课堂观察,并对 3 个学生进行了个案研究。他们发现,学生在学习二维网格结构时遇到很大的困难。当要求确定坐标位置时,很多学生都无视坐标标记,例如,定位点(8,9),一个同学向右数 8 个格,再向上数 9 个格,然后再作出标记,尽管坐标轴上已经用数字标识出了坐标,没有必要再去数数了。这类学生没有将坐标轴上的数的看作是实际数的顺序,他们是使用行动为导向的方法来学习坐标的,即将坐标看作是某个物体的运动过程。另一个问题是学生经常忽略坐标原点(0,0) 的存在,比如要求他们定位一个数,当接着再要求他们定位另一个数时,他们是从前一个数开始的,而不是从原点开始。产生该问题的原因也许会与使用 Logo 环境学习坐标有关,在Logo 语言中,许多命令都是相互关联的。此外学生在将数组与坐标轴上的位置相对应时产生困惑,这可能是因为学生将离散形式的数组转化为连续形式的坐标轴上的点时有认知障碍。对于定位坐标,一些学生不会把相关联的两对数相联系。例如,要求学生定位(20,35)、(25,35),一些同学找出第一个点后要重新定位,而成绩优秀的学生却可以找到它们之间的联系,很少重新定位。

上述是学生在坐标轴上定位数方面遇到的认知困难,接下来讨论学生在空间定位时会遇到的问题。

西格尔(Siegel)将学生在大空间构造认知图的发展归结为三个阶段:第一阶段,当一个人进入到一个环境时,他们会注意并识记地标等明显标识;第二阶段形成与地标相关联的路线;第三阶段,相关的坐标框架发展成形,能够在整体的框架上整合路线。通过研究,西格尔认为,大的空间(例如一个大学校园)不能仅从一个单独的点就能被感知,学生是通过一系列的观察久而久之在头脑中建构出大的空间结构。而与此相反,学生对于小空间(例如一页纸)就能够通过一个有代表性的点在头脑中构建出其结构。一个人在大空间中定位表现很好,可能在小空间定位上表现会很差。因此,对于学生来说,让他们在纸上或电脑上将他们的学校或操场绘制且定位,是比较困难的事情。

朱文芳等通过多级抽样(分层＋整群抽样)调查了北京初一、初二、初三共693 名学生如何确定一个正方形(如图 6-3(a)、6-3(b)所示)中的点的位置,从而研究学生所具有的坐标概念水平。研究结果表明,学生在坐标概念的发展上存在着显著差异;年级间的多重比较结果表明,两两年级间均存在显著差异。

测试题要求学生根据图 6-3(a)在图 6-3(b)中同一位置也画出一黑点,并要求学生把找出黑点的方法或过程写出来。约有 85% 的学生能完成这个任务,但解决问题的策略不相同。他们的策略主要有 3 种:(1)直接用刻度尺,通过测量水平和垂直方向的长度,或者测量斜线长度来确定(简称测量法);(2)通过几何作图(即尺规作图法,简称作图法);(3)用目测的方法。使用测量法的学生,在初一高达64.2%,初二下降为 41.2%,初三又增加为 51.8%。使用作图法的学

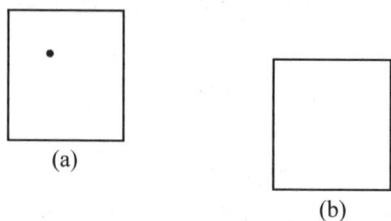

图 6-3　确定点的位置

生,初一仅有 3.4%,初二陡增至 24.9%,初三又比初二略有下降,为 20.2%;而使用目测法的学生数量随年级的升高而逐渐下降:初一为 13.4%,初二为 11.2%,初三为 10.1%,朱文芳等认为对这些结果的合理解释是教学产生的影响,在被测所在的学校,初一第二学期才开始系统学习几何,对于"确定平面上一点的位置"这样的问题,学生的知识经验中只有测量法能够使用,因此只好借助于有刻度的尺子,而初二学生已经学完了几何作图的相应知识,所以使用作图法来解决的人数大大增加。而通过进一步研究发现,使用此法的学生大都是数学成绩较好的学生,对于成绩不太好的学生,仍旧采用刻度尺测量来解决问题。到了初三,学生学习了平面直角坐标系,具备了更丰富的知识经验,学生可以采用至少 3 种方法来解决问题:测量法、作图法,理解了坐标的科学含义而选择的测量法。此时学生所进行的思维加工远比初一学生所作的要复杂得多。这就可以解释为什么到了初三年级,选择测量法的学生反而比初二年级还要多一些了。

综上,学生在坐标概念学习中,对于将离散的数组与有序的坐标系相对应有困难;将大空间中的某一物体在纸或电脑上画出定位时,学生普遍感到无所适从。学生对于坐标的理解随年级的增长、知识的积累而逐渐加深。

3. 向量

向量的内容在初中和高中教材都有涉及,这里主要探讨高中阶段向量的学习。高中教材中的向量主要有两种表示方法:用箭头或有向线段表示向量;用一个 2 维或 3 维有序数组表示向量。这两种表示方法为解决和研究有关的几何问题提供了两种不同的方法:向量法和坐标法。

普通高中数学课程标准中虽然向量法简便且容易为学生所掌握,但是在真正运用时还会出现很多问题。这些问题主要有:(1)学生认为向量的概念很抽象,概念理解上存在困难;(2)学生使用空间向量解决立体几何问题时,存在对向量理解不深刻、空间想象力缺乏、计算错误较多、不会求法向量等问题;(3)很多学生不知道什么时候使用向量策略进行问题解决。

法国学者(引自陈雪梅,2007)提出了向量的三种记号表示:(1)图象表征,例如用箭头;(2)表状表征,向量的代数坐标表示;(3)符号表征,应用于一般向量空间的公理化理论。他通过研究发现,学生很难理解向量的不同表征之间的关系以及处理表征之间的转换。沃森(Watson)等试图探究以引导学生关注向量作为物理运动产生的效果的抽象是否会对学生形成一个更灵活的向量概念有促进作用。他们比较了同一所学校的实验班和控制班在向量概念上的发展,研究结果表明,

数学教学心理学

实验班学生的向量概念发展更显著。此外,当学生在不同情境下分别处理位移、力的问题时,学生更倾向于使用三角形法则。

傅金泉就平面向量教与学对 212 名高二、高三学生和 32 名教师进行研究表明,虽然很多教师认为向量这一内容简单易学,但学生对向量有关概念和定理感到比较抽象。例如,大约 51.79% 的学生认为向量的投影比较抽象,40.18% 的学生认为向量这一章学习偏抽象,还有 11.61% 认为抽象。学生应用平面向量解题的能力不强,比如,在回答用向量知识解题的频度时,有 47.32% 的学生回答只是"偶尔"用到向量方法,还有 3.57% 的学生"几乎就没有"用向量方法解题。

陈雪梅以 SOLO、APOS 等理论为基础对 302 名高二学生进行了测试、访谈、个案研究,试图检验学生对向量概念(几何图象和代数坐标)的理解水平、向量的运算,以及与向量概念有关的错误类型。研究结果表明:(1)许多学生虽然已建构向量概念,但这种概念是有限制的,主要表现为对具体图形和一些特殊点的依赖;(2)与概念有关的错误类型方面,把向量概念看作一段距离或者一个数(或字母)是主要错误,表明学生从两个维度把握向量概念仍是主要困难;(3)即使对于处理运算性问题,仍有部分学生感到有困难,特别是应用代数符号表征处理问题方面;(4)向量坐标运算、向量减法运算也是向量错误的主要类型。许多学生对于建立坐标系和计算点的坐标有困难,对于向量运算只是简单记忆,不能形成丰富的表象,尤其是向量坐标运算。

对于检验向量概念的测试题(如图 6-4 所示),大约 22% 的学生在几何图象方面达到 SOLO 水平 4(进一步抽象水平,此阶段学生可以建构自由向量概念,能够脱离具体的物体和点表示一个向量),有大约 3% 的学生在代数符号方面达到水平 4(进一步抽象水平,此时学生能够灵活地用一个字母表示向量的坐标形式,认识到一个向量的坐标不依赖于端点的位置、如果两个向量相等则它们的坐标相同),只有大约 2% 的学生在几何图象与代数符号两个方面都达到灵活协调的水平(几何图象或代数坐标表征和运算能力都达到水平 4),而大多数学生没有建构起自由向量概念。学生更喜欢应用向量的几何图象表征处理问题。学生在几何图象方面达到水平 3 的人数量最多,表明大多数高二学生能操作向量,明确向量相等的概念,但不能把相等的向量看作是同一个向量。在代数坐标方面除了 0 水平外,达到水平 2 的人数最多,表明相当一部分高二学生能把平移看作一个水平

1. 如图所示:
(1)你怎样表示单位网格图中三角形从 P 到 P_1 的移动? (2)你还能作出其他的向量吗? 它同样表示从 P 到 P_1 的移动。

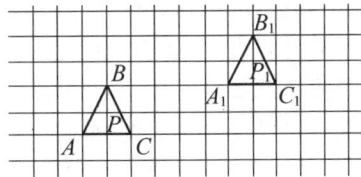

图 6-4 向量概念测试题

和垂直方向上的位移,但不能用坐标形式表示一个向量。很多学生对于把向量看作一个动态的平移过程有困难。在几何图象方面,有63人处于水平1和0(约占总数的21%);在代数符号方面,有142人处于水平1和0(约占总数的47%)。这表明,这些学生对向量的理解还处于前概念阶段或只构建了向量概念的一个维度(方向或长度)。

她还对368名高三学生怎样用综合法和向量法两种方法解决立体几何问题(位置关系与角的度量)以及学生对两种方法的认识进行了测试和调查,结果表明,同时用两种方法处理问题的学生人数最多,占总数的76%,而仅使用综合法的人数为14%,略高于占总数10%的仅使用向量法的人数。但使用向量法的学生的解法似乎更有效,其成功率高于仅使用综合法的学生。而且使用两种方法的学生的得分结果也表明,向量法的正确率高于综合法。通过对学生产生的两种错误:一般性错误与向量错误的分析表明,使用两种方法与使用综合法的学生,他们出现一般性错误主要是在逻辑推理方面,其次是技术性错误,误用题目信息,误用定理或定义。而对于使用向量方法的学生,无论是仅使用向量方法,还是两种方法都使用的学生,他们的一般性错误类型都是数学语言转换,而向量错误的主要类型是向量坐标计算错误。

对于两种方法(综合法与向量法)特征的认识,研究表明,学生认为综合法的主要优点是,它是解决立体几何问题的基本方法,而向量只能处理个别问题。综合法的主要缺点是,学生可能不会作辅助线、找不到所要求的线或角。学生认为向量法的主要优点是方法简洁有效,而其主要缺点是计算繁琐且易出错。

董成勇对高二和高三4个班级共217名学生进行了6次测试并对部分同时进行访谈。研究发现学生在运用空间向量解决立体几何问题时出现的困难有:(1)建系不合理,一方面是因为空间想象力不足,另一方面是对一些已经接触过的模型没能够及时反思和迁移;(2)求点坐标出错,主要是由于空间想象力缺乏,对一些重要元素之间的位置关系(如平行和垂直)不能有效地运用;(3)不会求法向量,主要是对一些常用的知识点(如法向量)的掌握不够,对一些常用方法(数量积的应用)不熟悉所导致;(4)思路不清晰;(5)计算错误。此外,由于受到"向量解题简单"思想的误导,学生对在什么情况下选用向量法解决立体几何问题存在困惑。

总的来说,学生虽然已经构建了向量概念,但他们对于向量的表征掌握得不够好,对法向量、自由向量理解不够深刻。学生应用代数符号表征处理问题方面存在的困难较多;在向量的坐标运算、减法运算方面容易出错。此外,很多学生都从使用向量法解题方面尝到了甜头,但是受传统的综合法的影响还是很大,很多时候学生不知道什么时候使用向量策略来解决问题;通过对使用向量法、综合法,以及两种方法的学生的错误类型进行分析,使用向量法的学生主要在计算上容易出现错误,而使用综合法的学生主要在推理方面,添加辅助线、找线或者角方面存在问题。

4. 几何证明与推理

全日制义务教育数学课程标准的课程实施建议中指出,证明的教学所关注的是,对证明必要性的理解,对证明基本方法和证明过程的体验,而不是追求所证命题的数量和证明的技巧。

在实际学习中,很多学生尽管可以完成一定难度的数学证明,但是他们对于数学证明的认识,还是存在着许多困难。比如,他们常常会认为,非演绎推理的方法也是数学证明。哈雷尔(Harel)和索得(Sowder)将学生对证明的认识进行了分类:(1)只有按传统的格式书写的才算是证明;(2)数学家和老师给出的论证就是证明;(3)验证一个或几个例子(即不完全归纳)便是证明;(4)借助图形,通过观察而得到结论就是证明。

克莱门斯(Clements)和巴蒂斯塔(Battista)在前人的研究基础上得出结论:几何的形式证明学习中,学生的表现非常不成功,他们非常缺乏建立数学真理方面的能力,学生的书面证明能力较差。例如对 1520 名几何班学生的书面证明能力进行了测试。实验中只要所有的步骤合乎逻辑即被认为是正确的(即使概念、词汇或定理名称方面有小错误,也认为其证明是正确的)。结果仅有 3% 的学生在测验中获得了满分。70% 的学生做对了一道要求说明理由的简单 6 步证明题。在一道需要画一条辅助线并写出理由的证明题中,有 51% 的学生做对了。有32% 的学生能够证明矩形的对角线相等,但是仅有 6% 的人能证明一些更复杂困难的定理,这些定理的证明推导不允许直接用三角形全等公式和定理。在 12 个需要完整证明的问题中,只有 3 道题半数或半数以上的学生正确完成。由此得出结论:在全年几何证明的教学中,只有大约 30% 的学生能够达到书面证明要求水平的 75%。

许多研究都表明,学生在几何中运用形式证明极不成功。虽然在课程中为了实现这一目标已经付出了大量的时间和精力,但得到的结果仍然是令人失望的。克莱门斯和巴蒂斯坦在对学生作出证明能力的分析之后,提出了一个令人泄气的发现:学生不仅在几何中缺乏建立真理的能力,事实上在数学的所有方面都是如此。赫什科维茨(Hershkowitz)等通过研究得到类似的结论:所有的国家数学证明的教学似乎都是失败的。希里(Healy)和霍伊尔斯(Hoyles)在英国调查的结论是:(1)学生不能区分实证举例论点与演绎论点;(2)对许多学生来说,演绎证明只是为有效性增添证据;(3)大多数学生视证明为一种互不相关的证据的"增添",并没有理解证明的本质。尽管证明对于数学家们是非常重要的,因为证明能够使他们证明自己观点的有效性,但是学生并不认为证明能够建立有效性,他们认为证明不过是与他们自身数学活动无关的形式规则的罗列。

我国的中学生主要是通过平面几何来学习证明的。在他们开始学习平面几何时,会遇到两方面的问题。一方面是新的内容、理论,另一方面是证明思维中的新形式。平面几何证明尽管有几何图形作直观辅助,但仍使学生感到证明思路难以捉摸,一个重要的原因在于思维形式。证明方法的寻找既要顾及图形,又要顾及条件。每一步推理都需要定理支撑,在作业书写形式上还要服从教师提出的书写规范。总的说来是细节要求很多,这容易影响整个证明过程的宏观思路的掌握。

在初中阶段,学生采用观察、测量等直观实验手段来了解几何图形,发现规律。对于已经学完了初中平面几何的学生,他们有多少人能达到正确区分直观实验和几何证明的程度?他们会把直观实验的方法也当作是数学证明吗?学生能否认识到,获得了数学证明的结论一定具备一般性?针对这些问题,黄兴丰、李士锜对江苏南通一所普通中学的13名初三学生展开了调查研究,结论是:(1)学生认为直观实验存在着不可避免的误差,因此就不能作为证明的方法。这反映了学生对数学的认识:数学是精确的,数学对象是客观存在的。(2)学生认为,直观实验采用了不完全归纳的方法来推断结论,这是不可靠的。(3)部分学生对几何证明还缺乏理解。13名学生中有7人认为,只要提供了客观确凿的事实,那就是证明。另外6个人已经认识到没有理由的就不是证明,但还没有明确认识到数学证明的实质是从一系列公理、定理和定义出发,通过逻辑演绎得出结论。对照范·希尔的几何思维水平,接受访谈的学生的思维还只是处于水平2描述分析阶段。其中关于学生对于证明实质的研究结果也验证了国外的的结论。

综合以上的分析与结论,我们可以得到这样一个结论:无论在国外还是在国内,学生对几何证明的理解都不尽如人意,许多学生对证明的本质没有理解,不知道什么样的形式是在做证明,对演绎推理了解不够。当要求学生自己独立构造证明时,学生会遇到很大困难。

5. 空间能力

课程标准强调在义务教育阶段注重发展学生的空间观念,高中阶段要继续提高学生的空间想象力。在几何课程中,无论争论如何,空间想象力(空间能力的一部分)被认为是数学诸多能力中的重要部分,作为空间想象力发展的基础的空间观念应该成为义务教育阶段几何课程的主要培养目标之一。

在义务教育阶段,空间观念是培养学生初步创新精神与实践能力所需要的基本要素。《全日制义务教育数学课程标准》中关于空间观念的要求:"能由实物的形状想象出几何图形,由几何图形想象出实物的形状,进行几何体与其三视图、展开图之间的转化。"因此,它是一个包括观察、想象、比较、综合以及抽象分析的过程;是不断由低到高向前发展的、对客观事物的认识过程;是建立在对周围的环境直接感知基础上的、对平面和空间相互关系的理解及把握的过程。从这个意义上讲,空间观念是学生主动、自觉或自动化地"模糊"2维和3维空间之间界限的一种本领,是学生对生活中的空间与数学课本上的空间之间密切关系的领悟。

国内外对空间能力发展的研究主要集中在研究空间能力发展与年龄的关系、空间能力发展的性别差异以及空间能力发展与其他能力发展的关系等方面。综合起来学生的认知特点为:(1)学生的空间能力的发展与数学成绩是正相关的;(2)学生的空间想象力的发展是阶段性的,并随年级的增高而增强;(3)学生的空间识图能力与智力显著相关;(4)男、女生的空间想象能力存在差异,但不同的年级和阶段差异不相同。

克莱门斯和巴蒂斯塔指出,空间能力和数学成绩在所有年级都是正相关的。周珍、连四清等对北京市中学生空间图形认知能力的发展与数学成绩的关系的研究也得出了类似的结果。研究的被试分别从北京市重点中学、区重点以及普通中学三所学校抽取好、中、差三类学生。初一到高二年级学生共 448 人。研究结果显示:(1)中学生空间图形认知能力的发展与数学成绩的关系非常密切。数学成绩好的学生空间成绩要远高于数学成绩差的学生,并且这种差异是显著的。但他们之间的差异是动态的,随年级或年龄的增长、生理发育、知识经验的不断丰富,差异大小也在不断变化。(2)个体空间图形认知能力与智力有非常显著的正相关性,说明智力也是影响空间图形认知能力测试成绩的一个重要因素。(3)中学生的空间图形心理表征能力的发展水平总体上是随年级(年龄)的增长而提高,并且不同的任务表征能力具有不完全一致的发展曲线。(4)在一定条件下,存在男生优势的显著性差异。其中心理折叠的测量题为:如图 6-5 所示硬纸片中,能围成立方体的是哪个? 学生的正确率从初一年级的 65.4% 上升到初二年级的 74.2%,说明学生初一至初二年级空间图形认知能力发展迅速。初三下降到了 72.2%,说明临近初中毕业的学生对二维图形转换成三维图形还存在一定困难,这也部分地提示了刚上高一的学生把画在黑板上的立体图形(二维平面上的立体图形)想象成现实中的立体图形会有困难。

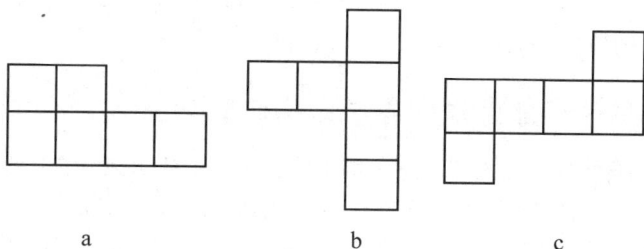

图 6-5 组成立方体

孙敦甲曾开展过中学生空间想象能力发展的研究,结果发现,中学生空间想象力的发展过程是从对基本几何图形的初步想象到对平面几何图形的深入想象,再发展到对立体几何基本图形的深入想象;从初二开始,学生的空间想象能力迅速发展,到高二时空间想象能力进入成熟期。

国内关于空间能力发展的研究，大都是考察某一方面的发展，以空间想象能力的考察居多，尤其是比较关注男、女生在空间想象力方面的性别差异。

陈月兰等就初中生空间想象能力性别差异进行了调查研究，通过对上海市初中生进行问卷测试调查，考察了初中男女生在对图形的操作（包括翻折、旋转、展开等）任务的完成情况。研究结果表明：对于初中二年级的学生而言，在空间想象能力上的表现男生好于女生，但差异并不显著；女生在数学学习中，较男生更多地采用机械模仿的方式；在认知要求较高的任务中，男生完成的情况要显著好于女生。

邹本洁和谢琳对大连市重点高中学生在空间想象力方面进行了性别差异的实证研究。研究结果表明，从总体上来说，一般重点高中男生在空间想象力方面略好于女生。在高一上半年的两次测试中，男女学生的空间想象能力存在明显差异。在初涉空间问题时，男生入门较女生快，空间观念建立得更快。但在高一下半年的两次测试中，此方面的差异在逐渐减小。这说明数学教学有助于女生空间想象力的培养和提高，同时也说明这种差异是可以适当补偿的。对这种差异进行了分析后发现，这种差异并非完全归因于生理因素，还有文化因素的影响，儿时的生活经验很可能也是导致男生的空间想象力强于女生的一个重要原因。

综上可见，学生的空间想象力与数学成绩是正相关的，学生的年级越高，其空间能力发展越好，但这种发展并不是直线上升的。从整体上来讲，男、女生空间能力发展也存在差异。

第三节　教学建议及案例

通过对上节学生几何学习认知困难的了解和分析，本节结合课程标准，并综合了相关文献的研究，归纳了若干教学建议供参考。

1. 通过多种表征方式引导学生突破概念关

在平面几何开始部分有 20 多个重要概念，需要从直观出发，形成抽象的认识，特别是要求将这些概念从自然语言转到严格的数学语言加以表述。比如，我们前面所讲的角的概念，人们早已建立，但是作为数学的表述，就比较严密，并且还有动态和静态的两种定义。此外，直线、射线以及线段三个概念之间，既有区别也有联系，需要注意辨别。

从多角度表征概念。例如，利用物理背景引入向量。力、位移、速度等物理概念，都是引入向量概念的好的实例；力的合成与分解是引入向量加减法运算的范例；位移公式与力对物体所做的功，可以用来引入实数与向量的乘积运算以及向量的数量积运算。如此引入,贴近学生已有的经验体系。教学应展现向量概念从不同的物理情境到数学概念的抽象过程。当然,引入也要得法,以免受其物理背景的束缚而导致学生认知上的偏差。比如受力的三个要素的影响,很多学生会误认为向量也是由起点、大小和方向三要素决定,而我们中学阶段研究的向量均是自由向量,即只有大小和方向两个要素。因此可以用特殊———一般———特殊的方法引入,即先列举出适量的典型实例,引导学生讨论辨析;然后分析出实例中的本质属性,经抽象概括后形成概念;最后将概念回归于实例之中,要求学生理解、巩固。这样的引入深入浅出,符合学生的认知规律。

另外,还可以利用Logo、动态几何软件(例如几何画板等)等信息技术手段促进对几何概念的本质理解。研究表明,使用Logo能够促进学生使用构造几何图形的活动或程序来观察和描述几何图形。在图形对称和运动方面,Logo有助于中小学生意识到自己的数学直觉,并且能促进范·希尔几何思维从直观水平发展到描述/分析水平。有调查研究显示,Logo对学生概念化角、角的测量与旋转方面也有有益的帮助。计算机能使一些虚拟的、想象的图形变成现实,并能展示出图形的变化过程,这恰到好处地把"学数学就是做数学"的新数学理论付之以实践。计算机也可以使学生对几何变换有更深的理解,例如通过计算机进行平移、旋转、反射对称、放大、缩小等变换,这可以使几何对象动态显示,有助于学生几何图形的不变性质,这些也将会影响今后几何课程的教学内容和方法。

2. 利用变式引导学生突破图形关

前面的研究已经表明,学生的识图能力与数学成绩正相关。因此我们要教会学生具体的画图方法与技巧,培养学生的识图能力。教学中准确而恰当地画出几何图形,如任意三角形不可画成等腰三角形,等腰三角形不可画成等边三角形;分清实线、虚线的用法等。更重要的是要培养学生具有一定的看图和识图能力。再比如,几何作图是平面向量中的一项基本技能,同时也是平面向量学习入门的必经之路,因此在向量教学中,要让学生多画图,多让学生辩论复杂图形中各向量之间的关系,从而深刻地掌握向量知识。

注意帮助学生避免由思维定势引起的认知障碍。在几何学习之初,我们经常用具有特殊位置的图形来引入概念,因此要避免学生把引入概念所用的图形展现出来的非本质属性纳入概念的内涵之中。例如用图6-6引入垂线的概念,用图6-7引入等腰三角形的概念,用图6-8引入三角形外角的概念。但学生可能会先入为主,比如认为互相垂直的两条直线,一条是水平的,一条是铅直的;认为等腰三角形顶角在上面,底角在下,腰分在两旁;认为三角形的外角总是钝角。因此,我们要运用图形的变式对概念进行逐级抽象,用图形的变式去动摇非本质属性在学生头脑中的印象,使学生最终把握概念本质。

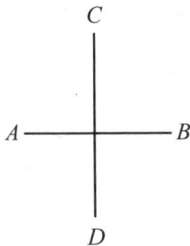

图 6-6

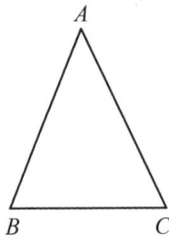

图 6-7

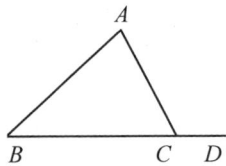

图 6-8

3. 借助直观、着眼细节,培养学生逻辑推理和证明能力

由上节可知,学生在构造证明、逻辑推理方面的能力非常欠缺。而几何一直就承担着培养学生推理与证明能力的责任。弗赖登塔尔认为,在中学几何教学中不应该发展一个完美的、甚至以公理化为基础的定向理论,进行一大堆复杂的演绎推理,而是应该借助于直观,让学生在头脑里自然地形成有关定向的意识。

在培养学生逻辑推理和证明方面,我们需要注意以下几点:

1. 注意引导学生突破几何语言关。几何语言比较严谨、规范。通过教师示范,强调阅读教材,通过几何图形以及反例等予以强化,使学生能够掌握"所有"、"凡"、"延长"、"截取"、"对应"、"相似"等术语的用法。符号语言是推理的基础,因此教学中要引导学生将概念符号化,并进行文字语言和符号语言互释、互译的练习。

2. 加强逻辑推理能力训练。在学生学习几何之初,要逐步帮助学生对照图形,分清已知条件和未知条件,正确写出已知和求证。学生引用定理,说明理由。分清命题结构,掌握一定的书写格式,在寻求思路的基础上,运用"三段论"进行论证。帮助学生逐步学习添加辅助线。

3. 在推理论证方面,不必要求完全的公理化证明,应该允许较为宽泛的推理与证明的基础,可以借助于几何画板、图形计算器等新技术扩展学生获得推理与证明的途径。在简单的推理证明中,加强理性思维的重要性阐述。

几何教学的目的是培养学生的理性思维,应该从简单的推理开始就不断地渗透。不能只要求学生证定理、做题目,却不知道为什么要这么做。优秀的教师能够注意到在一些最基本的推理中加强思维的培养,这是可取的一种方法。例如:最简单的几何命题"对顶角相等"。这样简单的问题,究竟要不要证明呢?许多人认为,这个结果画图后一眼就能够看出来,证明的话属于自找麻烦。其实不然,在这里,重要的价值不在于"对顶角相等"的命题本身,而在于如何确定一个结论的真理性。几何学是人类不凭直观和实验,运用逻辑证明真理的典范。下面以"等边三角形内一点到三边的距离之和等于什么"的案例来说明不同的推理论证方法对培养学生理性思维的贡献。

(1)静止的面积法证明:

$S_{\triangle ABC} = S_{\triangle PAC} + S_{\triangle PAB} + S_{\triangle PBC}$（如图 6-9 所示）.

此方法是以代数运算的分配律和消去律为基础,这个几何命题也就是代数分配律的一个几何模型。

（2）运动的几何方法证明:

首先固定 PF 的长度,让 P 点在与线段 AB 平行的线段 MN 上移动（如图 6-10）（保持 P 点到 AB 边上的高不变）:这时问题就变为"从一个等边三角形的任意一条边上作其他两边的高,它们的和是什么?"（如图 6-11）如法炮制。过 P 作 MC 的平行线,交 N 到 MC 的垂线 NT 于 S 点,根据矩形和等边三角形的性质,$PE=ST$,$PG=NS$,这样 $PE+PG=NT$,最后,$PE+PF+PG$ 的和就是△ABC 的高 CD 的长度。

此方法是几何的,没有代数运算的推理与证明。

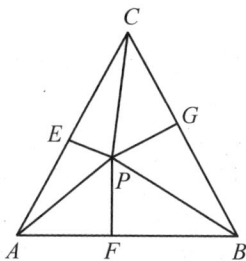
图 6-9

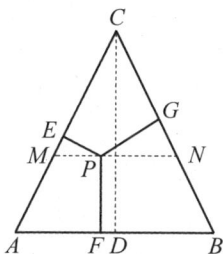
图 6-10

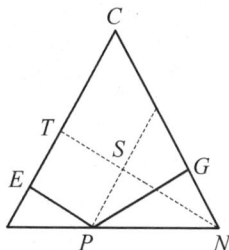
图 6-11

（3）实验几何的方法:利用动态几何软件（几何画板,卡式几何等）观察猜想,最后发现 $PE+PF+PG$ 等于等边三角形的高。

此方法作为技术参与下的学习方式,使得学生很容易找到问题的答案,并且这个答案与学生的直觉是一致的。因为学生接触该问题后,第一直觉就是等边三角形的高的长度,也就是当 P 点在三角形的顶点时的情形。实验的方法可以帮助对严格推理有障碍的学生,获得一定的几何体验,并从中发现推理与证明的方法。此问题还可以扩展,例如:当 P 点在等边三角形外时,有什么结论?

4. 教学中内容与"形式"并重,培养学生的空间观念

培养学生空间观念的渠道之一是在教学过程中加入新的"元素"。

（1）在教学中加入反映空间观念的课程内容。空间观念不仅是"观念",还是数学课程里新的内容、题材和呈现方式。

（2）在教学中加入体现空间观念的呈现方式。体现空间观念的内容一定要藉以恰当的题材和呈现方式,使学生们通过模拟、归纳与演绎,乃至实际操作等一系列方法去尝试。通过具体的情境让学生探索,在不断提出问题和解决问题的氛围中,引导学生得出正确的结论,并使空间观念得到发展。

下面的例子引自孙晓天等。当你乘车沿一条平坦的路向前行驶,为什么你前方那些高一些的建筑物好像"沉"到了位于它们前面矮一些的建筑物后面去了?

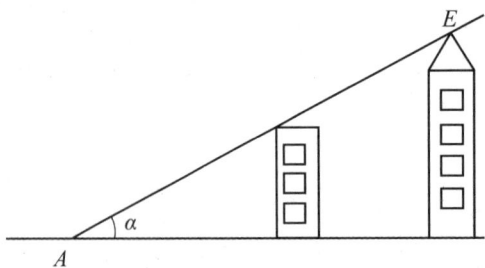

图 6-12　建筑物侧视图

而当你经过它们之后,那些"沉"下去的建筑物又逐渐"冒"了出来,这其中的原因何在? 这一情形可以抽象为侧视图(如图 6-12 所示)。如果你所在的位置是 A,你是否会看到后面那座高大的建筑物? 为什么?

这样的问题情景是许多学生都有所经历的,但是它涉及到视线、视点、视角、视距等许多与投影有关的概念。学生应逐渐明白这样的道理:被视物体看上去的调适是由视角 α 决定的。而视角的大小又依赖于被视物的高度和视点,依赖于被视物之间的距离(距离越近,视角 α 就越大;距离越远,视角 α 越小)。如果 A 再向前挪动,视角 α 再大一些,那座高大的建筑物就会在眼前消失,"沉"到矮的建筑物后面。

这个问题可以继续探讨:如果反过来,当 A 处于什么位置时,在 E 点就看不到了呢? 这就需要探讨从 E 看不到点形成的空间,称为 E 点的盲区。在不同的背景下它有不同的意义。比如,在这里可以躲开 E 点的观察和跟踪,而如果这里代表的是通讯系统的盲区,这里的无线电话就会拨不出去,收不到信号。

这个例子向我们展示了如何从普通生活中的情景出发,在分析讨论的基础上找出数学模型,不断了解和认识实物与相应的平面图形之间的相互转换,使学生能够切身感受和体验建立空间观念。

(3) 加入有助于学生形成空间观念的教学策略。空间观念的培养必须从学生的已有经验出发,通过大量的实践活动,让学生自主探索与合作交流等。可以通过生活经验的回忆、实物观察、动手操作、想象、描述和表示、联想、模拟、推理和分析等途径来发展学生的空间观念。应该给予学生充分的时间和空间观察、测量以及动手操作,使学生对周围环境和实物产生直接感知,这些不仅需要自主探索同时需要同伴间的合作共同参与,大家一起观察、操作、归纳、类比等式,这对发展学生的空间观念有重要的作用。

5. 强调几何问题解决的策略

问题解决是数学的心脏,发展学生的问题解决能力也是课程标准中强调的重要能力之一。从上一节知道,学生的问题解决能力较弱,遇到问题时,很多学生不知道该选择什么样的策略。问题解决与课程标准中的过程标准,如推理与猜想、多重表示、交流合作密切相关。对于高中几何课程设计,应该仔细精心地挑选合适的问题,使学生能够接触各种问题——包括与学生经验相联系、具有反思价值的数学问题,有其他学科如物理、化学等科学背景的准实际问题,这种问题的设计有时可以略微超越学生已有知识的范围,以便学生提出自己的几何猜想。在问题解决教学设计中,教师应该充分预估在学生解决问题的过程中可能发生的各种歧义,并有能力分辨出哪些问题的策略可取,哪些是不值得继续深入的,并且随时对学生解决问题的策略作出合适的评价,并调整自己的教学策略。

张庆林等对初中学生平面几何解题思维策略训练的有效性及原则进行了实验研究。结果表明,5个实验班的训练效果是显著的,通过实验之后的问卷调查表明,实验效应越明显的班级,学生对实验课的反应也越积极。该实验中使用了五种相互联系的思维策略。

策略1:直觉判断题的类型(明确思维大方向)

在准确理解题意的基础上,先直觉判断一下题的类型。可以这样问自己:这道题属于哪一种类型呢? 它和过去解过的哪一种题相类似呢? 必要时要化简一下求证的式子或问题,以期与头脑中已经学过的某些定理或题型相联系。进行这种直觉判断时最好能多考虑几条思路(扩散性思维),然后再直觉判断哪一条思路最值得优先选择(集中思维)。但如果优先考虑的思路走到一定程度仍不通时,要回过头来重新选择"优先"考虑的思路(灵活性思维)。

策略2:充分利用已知条件(顺向推理)

在直觉地判断了优先考虑的思路之后,就要充分利用已知条件进行顺向推理。切勿在没有充分利用已知条件时,急匆匆地乱作辅助线,使图形变得异常复杂影响解题。当感到无路可走时要问自己:还有哪些已知条件没有用上? 如何使用它们? 有时为了能够更好地利用已知条件,必须作一些简单的辅助线。

策略3:考虑如何使已知条件与未知条件取得联系(逆向推理)

不但要善于运用问题作为思维推理的方向指导顺向推理,而且还要考虑如何使已知条件与未知条件联系起来。要运用逆向推理使已知与未知之间的距离缩短,便于在心理视野范围内找到一条通径(即心理学上的顿悟)。双向推理才是最成功的思路。

策略4:使已知与未知联系起来(作辅助线)

在双向推理的基础上才能考虑辅助线(便于充分利用已知条件的简单连线除外),辅助线必须有助于使已知与未知取得联系,特别要优先考虑如何使"未充分使用的已知条件"与未知条件取得联系。

策略5:解题后的反思(总结概括思路)

这是最重要的一条策略。解题之前要考虑眼前问题与过去遇到的哪种类型题相似或相近,解题之后就要考虑,这个题和过去学过的题在哪些地方不一样。解题之后最好能与同学一起探讨,各自说出自己的思维过程:开始如何想的,后来怎么走了弯路了,最后怎么找到了正确的方法,这样便于总结思路,发现成功的思维策略或方法,加强自身思维过程的意识和调节能力(教育心理学中的元认知能力)。

周先凤对高中学生解析几何问题解决的思维策略训练进行了实验研究。研究者对高中二年级两个班学生进行了有关解决解析几何问题的思维策略的训练,主要在以下几个方面:(1)数形结合策略;(2)动静转换策略;(3)善用平面几何知识的策略;(4)等价转化策略,把未知解的问题转化到在已有知识范围内可解的问题的一种数学思想方法;(5)增设参数的策略,参数思想是解析几何的重要思想方法,引进辅助参数分解复杂的结构,在不改变题意的前提下,增加一定条件使得问题更容易求解;(6)注意运用复数思想的策略;(7)充分利用极坐标思想的策略;(8)关于应用定义的策略。实验结果表明,实验组学生体验到问题解决的思维策略的有效性,其学习兴趣增强;实验组学生策略意识增强,解题的策略运用恰当,有效解题的能力以及问题解决的能力都有所提高。这项研究的启示是,对高中学生解析几何问题解决的思维策略训练是可行的,且提供了一些途径及方法。

6. 教学案例

本案例是勾股定理探究式教学。该教学案例利用"脚手架"理论,通过"工作单"进行铺垫,帮助学生实现在现有能力下对高认知水平学习任务的跨越。其教学环节如下所示。

1. 探究活动:为发现和证明定理作铺垫

工作单 1   在方格纸内斜放一个正方形 $ABCD$(如图 6-13(a)所示),正方形的 4 个顶点都在格点上,每个小方格的边长为 1 个长度单位,怎样计算正方形 $ABCD$ 的面积?

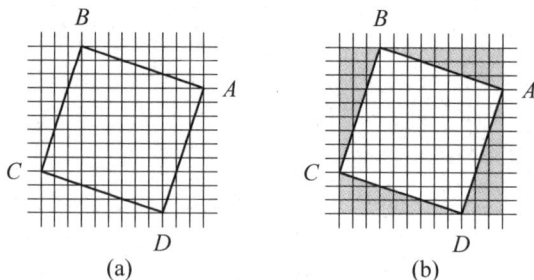

图 6-13

2. 定理的发现:操作、计算、观察、猜想

工作单 2   直角三角形两条直角边(a,b)和斜边(c)之间有什么关系? 用前面提供的方法分别计算下列四图中的 a^2、b^2、$2ab$ 及 c^2 的值(如图 6-14),并填表,然后猜测它们之间的数量关系。

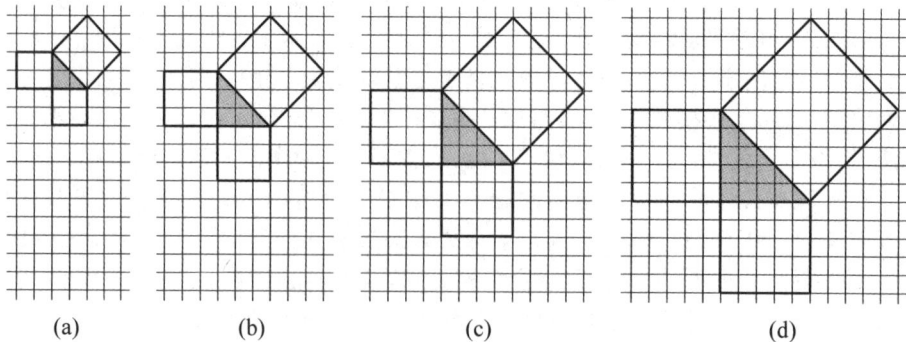

图 6-14

学生运用第一份工作单提供的方法,计算并填表(见表 6-1),然后归纳表内数据,猜测直角三角形两条直角边和斜边之间可能有的关系。学生通过仔细观察,很容易猜想出"$a^2+b^2=c^2$"。出人意料的是,有的学生根据数据表还归纳出了"$2ab+1=c^2$"的猜想。对这个猜想,教师提问"它是不是一个普遍的规律呢?"于是,学生投入到确认或反驳的争论中去:

表 6-1　计算并填表

代数项	图 6-14(a)	图 6-14(b)	图 6-14(c)	图 6-14(d)
a^2	1	4	9	16
b^2	4	9	16	25
$2ab$	4	12	24	40
c^2	5	13	25	41

(注:表内数据是后来填上去的)

教师:从上式子,我们可以看出 $a^2+b^2=c^2$,$2ab+1=c^2$,两式都成立吗?那我们来试一下看。图 6-14(a)中,$a^2+b^2=1^2+2^2=5=c^2$,$2ab+1=4+1=5=c^2$,对吗?对的!请同学们验证在其他几个图中,这两个关系是否仍成立?(学生独立验算。)

教师:下面请同学们自己再画一个不同的三角形来,可以利用现有的方格纸来画图。(学生自画。)

教师:再把你们画的直角三角形的 a^2、b^2、$2ab$ 及 c^2 写到表格旁边,再看一下这两个关系是否还成立。(学生填表,教师巡视。)

教师:好,现在老师看到两个直角三角形。这个三角形是李斌画的。你的直角三角形的两条直角边分别是多少?

学生:2、2。

教师:他画的直角三角形的两条直角边都是2。那么,算出来 $a^2=4,b^2=4$,$2ab=8,2ab+1=9$,那么 c^2 等于 9 吗?我们请同学们算一下,同学们算出来的是(c^2)8,对不对?对的。所以 $2ab+1=c^2$ 不成立,但是 $a^2+b^2=c^2$ 仍成立。下面看王涛画的。你的直角三角形的两条直角边是多少?

学生:两条直角边都是1。

教师:这是两条直角边都是 1 的直角三角形。请坐。那么我们再来验算一下,在这个直角三角形中,$a^2+b^2=1^2+1^2=c^2$,仍成立。而 $2ab+1=2+1=3$,不等于 c^2,所以 $2ab+1=c^2$ 不成立。因此,$2ab+1=c^2$ 在一般直角三角形中是不成立的。但是,根据前面的验算,$a^2+b^2=c^2$ 都成立。那么,这个关系是否在任意直角三角形中都成立?这是我们接下来要证明的问题。

上面的试验推翻了 $2ab+1=c^2$,那么"$a^2+b^2=c^2$"是否也可举例推翻呢?例子举不胜举,但都否定不了,看来要确认它为定理,只有依赖逻辑证明这一有力手段了。

3. 证明的发现:从特殊到一般

工作单 3　直角三角形两直角边的平方和等于斜边的平方,这一命题是从以上几个特殊例子得出的,而对于一般的直角三角形,它是否成立呢? 把图中的方格纸背景撤去,并且隐去 a、b 的具体数值,在直角 $\triangle ABC$ 中,已知 $\angle ACB = 90°$,$BC = a$,$CA = b$,$AB = c$,利用刚才计算斜放正方形面积的方法证明 $a^2 + b^2 = c^2$ 这一命题的正确性(如图 6-15 所示)。

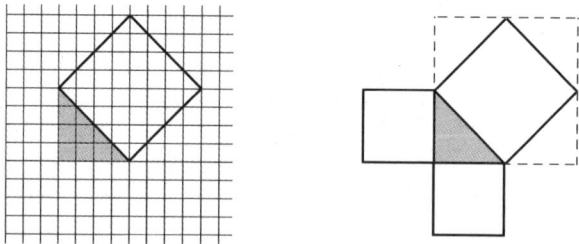

图 6-15

教学片段:

教师:我们请同学来说说看,他在这时是怎么验证:$a^2 + b^2 = c^2$,我们刚讲过先求 c^2,怎么求呢? 张洁说说看。

学生:在斜正方形四周补上三个直角三角形。

教师:在这个以 c 为边的正方形四周补上三个直角三角形,然后呢?

学生:大的正方形的面积等于 $(a+b)^2$。

教师:所以 $c^2 = (a+b)^2$ 减去……?

学生:减去 $4 \times \dfrac{ab}{2}$。

教师:减去 $4 \times \dfrac{ab}{2}$,每个小的直角三角形的面积是 $\dfrac{ab}{2}$,那么,这就是我们求的 c^2 了,然后怎么去验证结论呢?

学生:把这个平方展开。

教师:把这个平方计算出来,我们计算一下。

学生:等于 $a^2 + 2ab + b^2 - 2ab = a^2 + b^2$。(学生口答,教师板书。)

教师:$c^2 = a^2 + b^2$ 算出来了吗?

学生:出来了。(齐声回答。)

工作单 4　请用四个直角边长为 a、b,斜边为 c 的四个直角三角形,拼成含有至少一个正方形(边长为 a、b 或 c)的正方形,并比较不同拼图之间的面积关系。

学生通过尝试,很快得到了下述的两种拼图(如下图 6-16(a)、(b)),然后,教师启发他们计算各种拼图的面积,于是得到了另一种定理的确认。

数学教学心理学

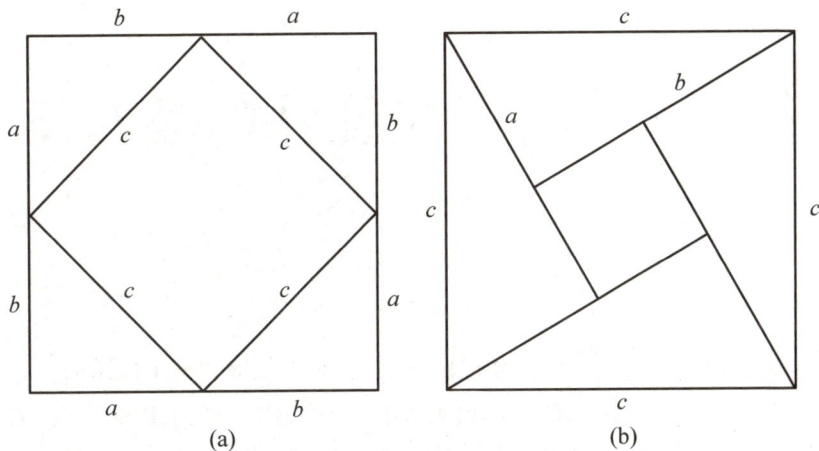

图 6 - 16

接着,教师介绍了勾股定理的发现历史及中国古代数学家取得的辉煌成就。最后,指出在直角三角形中使用勾股定理,已知两边求第三条边。

4. 定理应用:变式训练

工作单 5

(1) 在图 6 - 17(1)Rt△ABC 中,$a=3,b=4$,求 c。

(2) 在图 6 - 17(2)Rt△ABC 中,$a=3,b=4$,求 c。

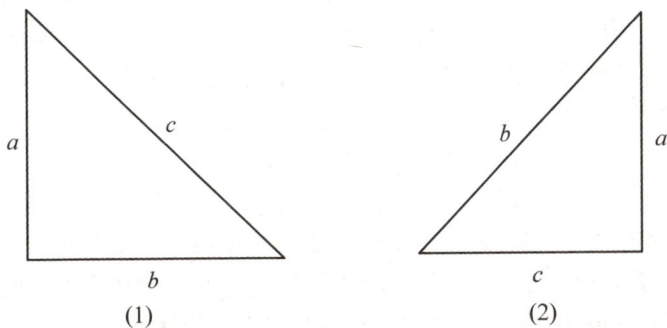

图 6 - 17

(3) 在一个直角三角形中,已知两边边长是 3 和 1,求第三条边的长度。

点评:该教学设计精心设计了工作单,为学生关于勾股定理的发现和证明设置了层层铺垫,有助于学生开展主动探究,体验猜测、验证、推广等数学思维活动,加深对勾股定理的理解与掌握。

第七章 概率与统计的教与学

　　概率统计起源于人们解决现实问题的需要,其中概率论源于解决赌博中的利益预测和公平规则问题。统计的历史则更长,可以追溯到父系氏族社会,需要对当时的部落人口、财富、军事等情况进行必要的统计。概率和统计研究随机现象。概率是对随机现象统计规律演绎的研究,统计是对随机现象统计规律归纳的研究,在解决实际问题时,两者是相辅相成、互相关联的。

　　当今社会,人们需要频繁地和各种各样的数据打交道,通过对这些数据的收集、汇总、分析来做出决策。例如,教师通过分析学生的学习成绩来调整和完善自己的教学;企业根据市场信息(包含大量数据)和本企业的情况(通常也以数据的形式出现)决定生产经营策略等等。这些工作就必须借助数理统计。因此,概率与统计的基础知识已经成为一个未来公民的必备常识。

　　2001年,我国明确将概率与统计作为四个内容版块之一,写进了《义务教育数学课程标准》,并对各个学段的具体内容和教学目标进行了细分。要求学生从义务教育阶段起,就要熟悉概率与统计的基本方法,了解随机现象,逐步形成统计观念,进而形成尊重事实、用数据说话的态度和科学的世界观与方法论,学会运用概率与统计的思想方法来解决日常生活中大量的随机现象,以适应纷繁多样的现实社会。在义务教育阶段,“概率与统计”的内容主要包括“不确定现象”、“可能性”的认识以及经历“简单数据统计过程”等。在高中阶段,对概率统计的要求进一步加强。要求学生在义务教育阶段学习概率与统计的基础上,进一步了解和使用一些常用的统计方法,如画频率分布直方图、频率折线图、茎叶图等来帮助分析生活中的具体实例。学习概率的某些基本性质和简单的概率模型,如“古典概型”、“几何概型”,加深对随机现象的理解,能通过实验、计算器(机)模拟估计简单随机事件发生的概率。

　　本章将从三方面介绍概率统计的教与学。首先,从心理学的角度来描述关于概率统计的若干教学理论,如皮亚杰和英海德(Inhelder)的认知发展理论。然后,从认知的角度分析学生在概率与统计学习的不同阶段、不同内容主题上遇到的各种认知困难。本节主要以国内外相关研究为基础,梳理各种认知困难,以期使读者对学生在概率与统计学习中有可能遇到的各种困难有所了解。最后,基于以上讨论,提出几项教学建议并呈现一个教学案例,以供读者参考。

数学教学心理学

8

第一节　概率统计的教学理论

本节将分别介绍皮亚杰和英海德关于概率的认知发展理论、SOLO 分类法在概率统计中的运用和统计认知发展理论。

1. 皮亚杰和英海德关于概率的认知发展理论

在对概率学习心理的研究中,皮亚杰和英海德做了开创性的工作。他们通过系统的诊断性访谈,观察了不同年龄的儿童对概率的认识特征,并按照学生总体的思维水平将学龄儿童对概率的认知分为 3 个阶段:

第 1 阶段:前运算阶段(7~8 岁之前)。这个阶段的儿童不会区分因果事件和随机事件,处在这一阶段的孩子总是试图在无序中发现有序,因为他们相信一定存在隐藏着的序。

第 2 阶段:具体运算阶段(7~12 岁左右)。这一阶段的孩子能区分确定与不确定,开始知道如何量化概率,但在计算复杂情境的概率时拥有一套不完整的对策。如他们能给出 2 个、3 个甚至 4 个元素所有可能的排列,但他们的方法是建立在经验上的,带有缺陷。

第 3 阶段:形式运算阶段(约从 12 岁开始)。处在这一阶段的孩子已经能够将演绎逻辑与随机概念综合起来。他们能够认识到从 1600 次实验获得的分布信息比从 16 次实验获得的分布信息更具代表性。他们能给出 2 个、3 个元素的所有可能的排列,并能归纳出更多元素排列的一般结论。

皮亚杰等的理论着重关注处于同一认知阶段的孩子们的认知表现,揭示了某一年龄段大部分孩子的自然认知水平。他们指出:上述 3 个阶段是逐步发展的,孩子的智力在每个阶段中都有一定的停留期,表现出一定的稳定性;经过一个时期的巩固、重组后,再逐步向高一阶段发展,并且得出"12 岁以下的孩子不能学习概率"的结论。

皮亚杰和英海德的研究得到了许多人的认可,但有些学者对他们的研究方法和有些结论提出了异议。比如,菲施巴姆(Fischbein)在《儿童概率思维的直观来源》一书中说:"我们已经证实,通过使用形象手段,皮亚杰认为的只能为形式运算阶段孩子所理解的抽象,具体运算阶段的孩子也能建构,至少我们已经发现,不懂比例不能成为学习概率概念的一个障碍。甚至在 10 岁前,经过启蒙教学,孩子也能消化这一抽象。"

2. SOLO 分类法在概率统计教育研究中的应用

比格斯(Biggs)和科利斯(Collis)提出了不同于皮亚杰的观点的理论。他们认为,描述学生学习的发展和结构,最恰当的方法是对学生的反应进行讨论。在此基础上他们创立了 SOLO(Structure of the Observed Learning Outcome)分类法。他们将学生的思维作用方式分为感觉运动方式、表象运动方式、具体符号方式、形式方式和超形式方式 5 个阶段，且指出思维方式具有累积性，即一种思维方式的出现并不能替代以前的思维方式，后发展起来的思维方式与早先形成的思维方式可以共存。这种共存关系能够解释为什么同一个孩子在同一时间对不同领域的问题会给出水平差异显著的反应。在每个思维作用方式中有五个等级水平，从低到高排列为前结构水平(Prestructural,简称 P)、单一结构水平(Unistructural,简称 U)、多元结构水平(Multistructural,简称 M)、关联水平(Relational,简称 R)和进一步抽象水平(Extended abstract,简称 E)。其中，前结构水平与上一思维作用方式相关，而抽象水平与下一思维作用方式相关。与皮亚杰的理论相比，比格斯和科利斯注重分析学生每个回答反映的思维的复杂程度，因而更加关注学生回答之间的区别，如错误与正确、复杂与简单等。

李俊以 SOLO 分类为依据，选择了对概率有不同熟悉程度的学生进行研究。通过分析大量学生对不可能事件、可能事件和必然事件的区分，对机会值的解释等问题的回答，得出学生认识概率概念的一个发展框架(见表 7-1)。研究表明:学生对概率的认识不随年龄的增大而自然增长。游敬敬利用 SOLO 分类法研究了高中学生对抽样方法、数字特征和统计图三个统计概念的理解水平。研究结果表明:大多数学生能够掌握统计概念，但在数字特征的推论和散点图的认识上存在较大困难。

表 7-1 认识概率概念的发展框架

SOLO 水平	概　　述
P	空白的回答，完全无关的回答，不合逻辑的回答，以自我为中心的回答或没有能力进入某一问题的解决的回答。
U	仅将概率解释为可能发生也可能不发生，认为机会不能被量化及预测，因此无法比较机会的大小。解决问题时没有完整地考虑所有可能发生的结果。
M	量化机会或是主观地估计机会值时会考虑一步试验(有时甚至是两步试验)所有可能发生的结果，如出于公平性，认为每个可能发生的结果都有相等的机会发生；认为很可能发生就意味着应该发生。同意用概率解释概率，但不了解重复试验的意义；在比较机会时使用还不成熟、不涉及比例的说理方法。
R	将有利于目标事件发生的所有可能的结果归为一组，并用比率量化概率；在比较机会时用比例说明理由；知道经过较大次数的重复试验能作出较可靠的预测，并会主动表达多重复几次试验的想法。
E	在复杂情形下(如题目中有两个口袋或两个转盘等)也能正确使用计算概率的公式进行机会比较；在一个两步或三步试验中，通过系统地构造样本空间的办法求出概率；建议从大量重复的试验中收集数据，通过抽样发现频率的稳定值，并以此为概率的估计值。

3. 统计思维的发展框架

众所周知,熟练掌握统计技巧使人们成为信息社会的生产者、参与者。穆尼(Mooney)等基于 SOLO 分类法,通过文献、观察和访谈,开发了中学生统计思维的框架(Middle School Student's Statistical Thinking,简称 M3ST)。该框架描述了四个统计思维过程,即描述数据,整理和压缩数据,表示数据,以及分析和解释数据。它将每个统计思维过程分为四个水平,分别是主观水平、过渡水平、数量水平和分析水平。如表 7-2 所示。

表 7-2　M3ST 框架

统计思维过程		水平 1 主观(Idiosyncratic)	水平 2 过渡(Transitional)	水平 3 数量(Quantitative)	水平 4 分析(Analytical)
描述数据	意识到数据描述方式的特征	几乎没有意识到统计图表的描述特征	意识到统计图表的部分描述特征	完全意识到统计图表的描述特征	完全意识到统计图表的描述特征,包括无关的或装饰性的特征
	确认数据的单位	错误解释或不能确认数据的单位	不能完整确认数据的单位	能确认具体数据的单位	能确认一般数据的单位
整理和压缩数据	对数据进行分类	没有尝试对数据进行分类	能对数据进行分类,但不是针对全部数据	能对全部数据或通过创建新的类别进行分类	能通过创建新的类别对全部数据进行分类
	描述数据的集中程度	不能从代表性或典型性角度描述数据	能用部分有效的自己发明的统计量描述数据的典型性	用从一个有误过程中得到的集中量数或自己发明的有效的统计量描述数据的典型性	能用一个有效的且正确的集中量数描述数据
	描述数据的离散程度	不能描述数据的离散程度	能用部分有效的自创的统计量描述数据的离散程度	用从一个有误过程中得到的略有缺陷的离散量数或自创的有效的统计量描述数据的离散程度	能用一个有效的且正确的离散量数描述数据
表示数据	作统计图表	不能作统计图表,或作一个既不完整又没有利用所有数据的图表	能作一个部分完整但利用所有数据的统计图表,或作一个完整但没有利用所有数据的统计图表	能作一个完整且利用所有数据的统计图表,但该图表有一些小错误	能作一个完整的、利用所有数据的且恰当的统计图表
	评价统计图表的有效性	基于无关的特征或理由评价统计图表的有效性	基于相关的特征评价统计图表的有效性	基于相关的特征并参考数据的背景评价统计图表的有效性	基于相关的特征和数据背景评价统计图表的有效性

统计思维过程		水平1 主观（Idiosyncratic）	水平2 过渡（Transitional）	水平3 数量（Quantitative）	水平4 分析（Analytical）
分析和解释数据	在数据组或数据表示内部进行比较	不正确的比较	能作一个正确的或一系列部分正确的比较	能作局部的或整体的比较	能作局部的和整体的比较
	在数据组或数据表示之间进行比较	不正确的比较	能作一个正确的或一系列部分正确的比较	能作局部的或整体的比较	能作局部的和整体的比较
	从给定数据或数据表示出发作推断	不基于数据作推断，或基于无关问题作推断	能基于部分数据作推断，但一些推断也许仅仅部分合理	能主要基于数据作推断，一些推断也许仅仅部分合理	能基于数据和背景作合理的推断
	利用比例进行推理	没有使用比例思想	能质性地使用比例思想	能量化地使用比例思想，但并不合理	能用量化方法合理使用比例思想

M3ST 框架对课程设计和课堂教学有着重要的指导作用。教师和课程开发者可以利用该框架构造学习任务，循序渐进地培养学生的统计思维。

第二节 学生对概率统计的理解

概率与统计有时会与因果的、逻辑的、确定性的思维形成冲突，从而会给学生的学习造成一定的困难。本节分别从概率的定义、样本和抽样、统计图表、平均数、标准差等方面总结了学生在学习概率与统计时存在的认知困难和错误。

一、概率的定义

除了公理化定义，概率还有三种定义途径：古典式定义、频率式定义、主观式定义。古典式定义也称为理论定义，它将一个事件的概率定义为利于该事件发生的所有结果的数目比上所有等可能发生的结果的总数，这是一种先验的概率，即无需试验就可以从理论上计算出的概率。频率定义也称为经验定义，它将概率定义为某一事件在接近无限次的重复试验中发生的频率，因而这是一种后验概率，建立在实际试验结果的基础之上。主观定义也称为直觉定义，它是对随机现象可能性大小的一种个人的估计，随着新信息的出现，将调整最初基于经验或直觉之上的估计。下面依据概率的三种定义方法，归纳学生对这些内容的主要认知困难。

理论的定义——等可能性偏见和其他错误概念

在认知古典概率时,学生经常存在等可能性偏见(equiprobability biases)。这种偏见是指学生虽然认识到随机试验就其本质而言是等可能的,即一次试验中每个可能结果出现的机会是相等的,哪个结果的发生全凭运气,但学生在认知古典概率时,经常会出现如下错误。

1. 对"可能结果"和"可能结果数"理解的错误

学生在理解古典概率中的可能结果时容易犯以下错误:

(1)将可能结果绝对化,认为同一类问题的可能结果是一样的。譬如,在同时掷两个规则骰子的试验中,有多少个可能结果?学生往往认为可能结果只能是点数的和为 2～12 共 11 个,而不能是其他情况。事实上,掷两个骰子的可能结果依据问题的不同而不同,既可以是点数和是单数、双数两个可能结果,也可以分别记录两个骰子出现的点数得到 36 个可能结果,情况多种多样。

(2)将可能结果具体化,认为可能结果数就是相关问题中的人数或物体数。譬如,10 个人抓阄以领取 10 份不同的礼物,有多少个可能结果?学生往往认为其可能结果就是物体数 10。事实上,抓阄的可能结果数在不同的情况下是不一样的。

2. 对"等可能性"理解的错误

学生在理解古典概率中基本事件的等可能性时的错误主要表现在两个方面:

(1)认为随机试验的每一种可能结果都有 50% 的机会发生。譬如,从三副洗好的去掉王牌的扑克牌中各抽出一张,抽到一张红桃 5,一张方块 2 和一张黑桃 6 是(A)可能的(B)不可能的(C)肯定可以的。大部分学生选择(A),但其理由却是认为"是 3 张牌与不是这 3 张牌"这两种可能性各占 50%。

(2)认为每一个事件的可能性都是相同的。譬如,同时掷两个规则骰子(A)一个出现 5 一个出现 6 的概率大(B)两个都出现 6 的概率大(C)两者概率相等。学生会认为每个骰子都是独立的,一个骰子得到某点的机会是 1/6,另一个骰子得到某点的机会还是 1/6。事实上学生忽略"一个出现 5 一个出现 6"的情况有两种情形,而选择 C。又如,学生会认为掷两个骰子得到的点数之和出现的机会是一样的。这说明学生虽然对随机实验的等可能性有一定的认识,但认识是模糊不清的,往往把等可能性泛化,而不注意可能结果的划分依据的不同。

3. 对随机试验的"顺序"认识的错误

学生往往认为古典概率中试验顺序不同则机会大小不同。譬如抽奖问题,在 10 张票中有 1 张奖票,10 人依次从中各抽一张,那么第一个人与第三个人抽到奖票的概率谁大?有的学生认为第一个人比第三个人抽到奖票的概率大,因为每个可能结果出现的可能性相等,但第一个人比第三个人先抽,第三个人是不公平的。也有的学生认为第三个人比第一个人抽到奖票的概率大,因为只有一张奖票,第一个人抽到的可能性是 1/10。由于 1/10 概率是很小的,所以第一个人一般是难抽到的。但对第两个人来说,这时只剩下九张,其中包含了一张奖票,因此他抽到奖票的可能性是 1/9。这比第一个人抽到的 1/10 可能性要大些。如此,如果前九个人都没有抽到的话,那么最后一个人抽到有记号的奖票就是必然的了,这时抽到的概率等于 1。学生经常关注顺序,有的认为先抽的机会大,有的认为后抽的机会大,往往只从单方面考虑问题,而忽视每个人都有可能抽到或可能抽不到两个方面。

频率式定义——预言结果法和其他错误概念

频率与概率是两个对立的概念,事件的相对频率是一个与试验次数、试验者都有关的一组来回摆动的变量,事件的概率是一个常数,频率的稳定值即是概率。这反映了常量与变量的辩证统一,体现了由量变到质变的规律。然而,这种变化是超出学生的经验范围的。因此,学生在认知频率式定义时,经常出现下面的错误。

1. 预言结果法(outcome approach)

有些学生(包括成人)在使用"机会"、"可能性大小"、"概率"这些概念时,并不把它们与重复试验联系起来,而是将概率很大等同于一定会发生,概率很小等同于一定不会发生,50%概率等同于"不知道"或者"不能决定"。康诺德(Konold)称这一错误概念为预言结果法。这一方法的显著特点是:(1)只关心和预言每次试验的结果,不关心哪个结果发生的可能性多大。这事实上是忽视频率的信息,忽略了"概率"是"频率"动态变化的结果。他们不但会以 50% 的概率作为用来判断某事件是否发生的依据,而且也倾向去解释"何以有那样的结果"。譬如,天气预报员说,明天有 80% 下雨机会,学生会认为明天将会下雨,因为 80% 大于 50%。当再问及"如果明天没有下雨又作何解释"时,学生会认为天气变化了或天气预报员预报水平有限等。(2)将概率估计建立在因果联系上,而不是建立在分布信息上。譬如出租马车问题,深夜一辆马车被牵涉进一起交通事故,该城市有两家马车公司——蓝色马车公司和绿色马车公司,其中绿色马车公司和蓝色马车公司分别占整个城市马车的 85% 和 15%。据现场目击证人说,事故现场的马车是蓝色,并对证人的辨别能力作了测试,测得他的正确辨认率 80%。于是警察就认定蓝色马车具有较大的肇事嫌疑。很多经过或没有经过正规概率学习的学生认为,警察的想法是正确的,由于证人具有较高的正确辨认能力,因此证人的话具有较大的可信度。事实上,学生忽略了蓝色马车比绿色马车少得多这一重要的因素。

2. 对随机性语言理解的错误

在使用随机性语言来表达对频率概念的理解时,学生主要有下面的错误:(1)学生在使用"机会"、"可能性大小"、"概率"这些词语时,并不把它们与重复进行 n 次试验联系起来;(2)随意估算,轻易下结论,认为"重复试验并无益"。学生

数学教学心理学

在现实生活经验的基础上,比较容易理解单一事件发生的机会具有偶然性,但很难想象重复试验有利于发现偶然性背后的必然性规律。他们不相信重复次数多比重复次数少获得的规律更可靠。在他们看来重复的次数越多,结果表现得越没有规律,因此,认为重复试验并无益。譬如,掷一枚硬币,随着掷硬币次数的增加,正面出现的次数与反面出现的次数恰好相等的概率是怎样的? 很多学生认为随着掷硬币次数的增加,这个概率是增加的,但实际上恰恰相反。掷 2 次时出现正反两面各 1 次的概率是 50%,掷 6 次时出现正反两面各 3 次的概率是 31.25%,掷 10 次时出现正反两面各 5 次的概率是 24.61%,掷 100 次时出现正反两面各 50 次的概率只有大约 8%。这说明,面对一个貌似简单的概率问题时,如果随意估算,轻易下结论,可能与实际情况恰好大相径庭。

主观的定义——代表性和其他错误概念

一个人在一个月内找到新工作的机会是多大? 某同学考上大学的可能性有多大? 诸如此类的生活中机会问题,如果运用概率的古典或统计定义来是说明难以解释的。在这种情况下,人们往往以自己对一件事件的相信程度来判断概率,这就是主观概率。人们既然以自己对一件事件的相信程度来判断概率,那么在很大程度上依赖于经验和直觉的判断或猜测。所以,经常会出现错误。研究发现,这种错误主要是由于人们受"代表性启发法"和"可用性启发法"所致。

1. 代表性启发法

代表性启发法是指人们倾向于根据样本是否代表或类似总体来判断其出现的概率,越有代表性的,被判断为出现的概率越大,越少代表性的被判断为出现的概率越小。使用代表性方法的一个典型例子就是:人们往往认为在一个有六个小孩的家庭中,BGGBGB(B 代表男孩,G 代表女孩)这一出生顺序发生的可能性比BBBBGB 和 BBBGGG 要大,因为 BBBBGB 好像包括了太多的男孩,而 BBBGGG看起来又太有秩序了,经比较,BGGBGB 最具有代表性,因而最有可能发生。

2. 可用性启发法

在估计随机事件发生的大小时,人们往往容易根据自己对可利用或可获得的知识、概念和事件来进行主观估计,因为对频率或者概率的估计极大地受事件熟悉程度、巧合以及可利用性等因素影响。譬如,以 r(如 ride)开头的单词多,还是第三个字母是 r(如 circle)的单词多? 学生面对此题,也许会马上很容易地从记忆中提取一些单词,如 red、roof 等一系列以 r 开头的单词,却很难短时间内提取第三个字母是 r 的单词. 于是他们就轻易作出判断,认为以 r 开头的单词多。但实际上,仅仅是因为他们对第二种情况不够熟悉,因为第三个字母这一提取线索是不容易的。事实恰好与他们的选择相反。又如将 10 人分组,2 人分为一组的概率与 8 人分为一组的概率,哪个大? 大部分学生认为前面情况容易产生,所以前者大,这是因为计算简单或是有效的直觉所致。而事实上,这两种情况产生的机会是相同的。

二、样本和抽样

统计的基本思想是通过调查或观察样本来了解或推断总体的数量特征。样本蕴含着两层含义，一是样本与总体的部分与整体的关系，二是样本对了解总体的意义。抽样方法影响收集数据的质量和一系列对总体的推断。

一些研究发现，中小学生对"样本"这个概念认识模糊，只认识到样本是"一部分"或"样本只是用来了解总体"。关于新加坡和澳大利亚学生对统计理解的比较研究发现，学生对单个样本术语和它在情境中的理解，年龄大的学生回答的总水平高于年龄小的学生。学生对单个样本术语并不理解其含义。当要求学生"描述一个小部分代表整体的例子"时，新加坡的大部分的二年级学生的回答是无关的，他们回答是没听说过这个术语，相应的，澳大利亚的二年级的学生也不理解样本或者不愿回答。只有 3% 的三年级的学生、15% 的六年级的学生和 25% 的九年级的学生能够描述。这说明应该在具体情境中体验和理解样本的概念。脱离具体情境，描述和理解概念术语对于小学生来说非常困难。大部分学生尤其是低年级学生，描述样本的概念是很困难的。

国外的学生对样本的概念理解困难，那么我们国内的学生对样本的理解水平又怎么样呢？王秀军对 723 名初、高中学生进行了关于样本概念理解的调查研究。她提出以下几个问题：（1）为了知道饼熟了没有，小明从刚出锅的饼上切下一小块尝尝，那么切下的这块饼就是这张饼的一个样本。请你再举出 3 个样本的例子。（2）为了知道一锅汤的味道，妈妈从锅里舀了一勺汤尝一尝，那么这勺汤就是这锅汤的一个样本。请你再举出 3 个样本的例子。

从学生的回答中发现，有些学生将"样本"和日常生活中所说的"样子""样板"混为一谈，认为样本就是样子或样板。例如，认为地球仪就是地球的样本，做衣服时的草图是样本。他们把一些模型、图形、复印原件和雏形这些能反映出实物样子的事物看成是样本，却没有考虑到两者不是同一类的。最有意思的是有些学生认为一家公司研究出一种产品，然后根据这个产品生产更多的产品，这个研究出的产品就是样本。从这些回答可见，新产品和以后生产的同类产品存在部分与整体关系，但学生实际上是把样本看成是一个样板、一个被模仿的对象，而不是用样本来检验或了解总体。这个例子说明，对样本的认识仅停留在部分和总体的从属关系是不够的，必须弄清抽样在实践中的意义才是对样本概念更完整的理解。此外，通过分析高中生与初中生所举样本例子可知初中生在一定程度上都存在对样本的错误认识，他们倾向于对概念机械地记忆或模仿。但随着其认知水平的提高，高中生自己能克服样子或雏形这类对样本比较模糊的认识，对样本概念有更深层的认识。

对我国高中生统计推理的现状调查及与荷兰相关结果的比较研究中发现，中

数学教学心理学

国学生在以下几个方面容易犯错：

（1）认为好的抽样必须占总体的大比率，两组成员只有数目相同时才能比较；

（2）受"小数定律"的影响，认为无论样本多小都应该和总体相似。这一信念导致了人们在抽样时忽视样本容量；

（3）代表性错误（估计事件的可能性只取决于它和总体的相似度）。

抽样的目的就是为了估计总体的实际情况，所以在抽样过程中人们最关注的是怎样抽取样本才能更真实地反映出总体情况。研究发现，小学高年级学生更倾向于那些从选择对象上说是机会平等的方法（例如自愿参加），常常看不到随机样本在统计上的公平性。王秀军对 675 名中学生自发性的抽样知识调查研究表明，很少有学生应用简单随机抽样[1]，高中 3.2％，初中 1.4％，其中大多数都是重点班学生。定额（分层不随机）抽样[2]是学生应用最多的抽样方法，其中初中生的比例高于高中生，普通班低于重点班。分层思想在中学低年级已经普遍存在，随着学生年龄增长分层意识有所减弱，但同年级学生中优等生更容易产生分层思想。从学生的回答来看，个体差异可能是导致他们分层的主要原因。无论是问卷还是访谈，结果都表明中学生比较青睐分层抽样。总体上，中学生对随机性缺乏认识，在解决实际问题时认识不到随机抽样的统计公平性。

综上所述，研究发现，学生对于样本大小、样本随机性、样本与总体的理解模糊，甚至不理解其样本的含义，在实际问题中，无根据地相信小样本。事实上，新闻杂志中经常暴露这种错误的观点，如"四个医生中的三个说"之类的措词。许多人对大样本中的小差异没有足够重视，错误地认为随机样本容量的大小与整个总体容量是无关的，基于数据进行推断的观念非常薄弱。在抽样过程中，较简单随即抽取而言，学生更加偏向于分层抽取，认识不到随机抽样的统计公平性。

三、统计图表

图表作为一种重要的信息记录、展示和传递方式，已经被广泛地应用到科学、工程、教育、商业和媒体等领域中，并发挥着重要的作用。在我国新的数学教学大纲中，统计图表理解的教学被安排进了小学、初中和高中的教程中。

英语中有句谚语说"一图胜千言"，一幅好的统计图能包含高度浓缩的信息量。由于统计图包含的信息量比较大，所以在某些情况下，人们难以理解和解释统计图中的数量信息，有时还会产生错误的反应。那么，哪些因素会影响学生对

---

[1] 如果总体中每个个体被抽到的机会是均等的，并且在抽取一个个体之后总体内成分不变。这种抽样方法称为简单随机抽样。

[2] 按与研究内容有关的因素或指标先将总体划分成几部分（即几层），然后从各部分中进行简单随机或等距抽样，则这种抽样方法称为分层随机抽样。

"统计图"的理解呢？归结起来有以下几点：

(1) 统计图的样式（如条形图、散点图等）；

(2) 统计图的颜色、标签、大小和坐标轴的比率；

(3) 学生关于统计图的知识；

(4) 关于统计图呈现的内容的知识。

同一数据可以用不同的统计图（如条形图、线图等）来表示，使用不同的统计图对读者抽取数据信息有不同的影响。比如读者从折线图中比从条形图中更容易读出 $x-y$ 之间的趋势。然而当折线图表征的数据比较复杂时（如包含三个变量的数据，需要用多条线来表示第三个变量），折线图的这种 $x-y$ 趋势的认知优势会导致读者不能完整地读取数据的信息。折线图和条形图用来呈现绝对数量，而分段条形图和饼形图常用来呈现比例数据。一般说来，饼形图更适合部分/整体比例判断任务。选用合适的图形样式来表达数据，会让学生更容易理解统计图。

除了图表样式之外，图形的颜色、标签、大小和坐标轴的比率也会影响学生对统计图的认识。颜色既可以用来表示数量（如深颜色表示人口密度大，浅颜色表示密度小），可以用来表示变量（如用红色表示女性，蓝色表示男性）。颜色在统计图中最要的一个用途就是用来分类。科斯林（Kosslyn）的研究发现，如果在两个饼形中比较不同的离散变量，被试倾向于将相同颜色的数据归为一类。颜色的另外一个好处就是可以减少读者将图表中的指示图标和变量联系起来的难度，因为颜色可以降低工作记忆的心理量。然而颜色不能精确的表示数量，而且当颜色表示连续型数据时可能会导致阅读困难。

有两种常用方式来表示图表中的第三变量，一种是像图 7 - 1(a)中那样直接在线的旁边标注，一种是像图 7 - 1(b)中那样使用标签。哪一种更有利于阅读呢？卡彭特（Carpenter）等人认为使用标签额外地增加了读者的工作记忆量，因为它需要读者将标签代表的值保持在短时记忆中。他建议在设计图表时最好避免使用标签，特别是针对儿童的时候。

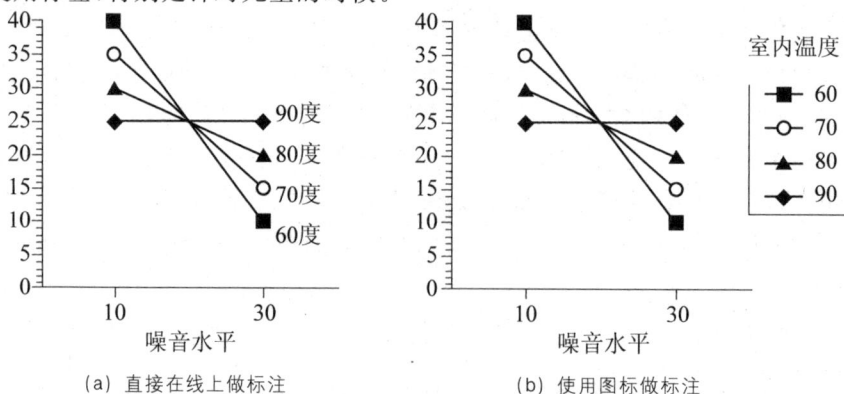

(a) 直接在线上做标注　　　　　　　(b) 使用图标做标注

图 7 - 1　测验成绩和噪音水平、室内温度的关系

统计图的横轴和纵轴的长度（数据的密度）以及它们的比例会影响人们对其的理解。阅读散点图时如果数据的密度较大时，被试倾向于夸大变量之间的关系，当密度增大时（无论是通过增加数据数量还是减小坐标轴的长度），夸大的程度也会增加。相似的，边框的坐标轴单位取值比率对被试理解统计图的模式也有影响。同样的一组序列数据，不同的情况下，所得到时序图的上升、下降的幅度和范围就不一样。

此外，图表使用者的知识结构以及他们的预期也会影响他们对图的编码和理解。影响读者的知识可以分为两类，一类是关于统计图本身的知识，另一类是关于统计图呈现的内容的知识。比如读者一般倾向于将 y 轴视为因变量，将 x 轴视为自变量，这种情况下较陡的直线代表更快的增长率。如果一幅图违背了这种常规，将自变量放在 y 轴上、因变量放在 x 轴上的话，读者就有可能在理解斜率和速率的关系时产生错误。

图表呈现的内容也会通过信念和期望影响图表读者对图表内容的理解。有研究表明读者对图表中变量关系的估计受到读者的信念的影响。当读者认为两个变量存在相关的时候（如身高和体重），他们对变量之间关系的估计要高于他们认为变量之间没有关系的时候的估计。小学生可能是最容易受图表内容影响的群体，他们常犯的一个错误就是将抽象概念的图表理解为具体时间的图片，例如，学生把表示赛车速度的折线图理解为赛车在赛道上的位置。尽管学生经常犯这种错误（直到 15 岁为止），却很少有人指导他们如何克服困难。

关于统计表的问题，目前国内的研究比较少。美国学者弗朗西斯·柯西奥将数据分析的能力分为三个层次：直接读取数据信息（read the data）；局部比较和加工数据信息（read between the data）；全面分析数据信息而形成假设，看出趋势（read beyond the data）。宋琏借用这个结论界定统计表的 3 种理解水平：基本水平是直接从统计表中读取数据信息；中间水平是局部比较和加工数据信息；高级水平是全面分析数据信息而作出归纳、推断和合理解释。他通过对尚未正式地学习过统计表知识的七到十一年级共计 667 名学生的测试和对其中 66 名学生的访谈发现，随着年龄的增长，学生理解统计表和制作统计表的能力水平在提高，但随着统计表难度的不同，能力水平的变化存在着一定的差异。此外，还对学生在理解统计表和制作统计表过程中出现的主要错误进行了研究，发现学生由于缺乏统计表知识的系统学习与训练，在理解统计表和制作统计表过程中，出现了一些普遍性的错误：

（1）对统计表标题的理解错误。学生们不知道从表标题中寻找主要信息，忽视表标题中的限定信息。

（2）对统计表结构的错误理解。如下面的问题：

请描述下表中被圈起来的两个数字"114.6"和"70.3"各表示的含义。

有些学生回答：2002 年北京有 114.6 万人参加了失业保险。这些回答表明他们对宾词复合结构的统计表不能很好地掌握。

表7-3 2002 年部分地区失业保险情况   单位:万人

地 区	年末参保人数	企业	国有企业	集体企业	其他企业	事业单位	其他单位
北京	299.6	217.7	114.6	15.4	87.7	72.2	9.7
上海	436.0	317.6	128.8	45.1	143.7	68.8	49.7
江苏	735.6	589.3	288.6	145.1	155.6	140.8	5.5
广东	890.2	792.6	271.8	88.5	432.2	70.3	27.3

(3) 忽视单位导致错误。

(4) 想当然地将表中数据看成平均数。

四、平均数

平均数(如无特别说明,本文中"平均数"均指"算术平均数")是指在一组数据中所有数据之和再除以数据的个数。它是反映数据集中趋势的一项指标。

在我国,小学低年级数学课本里就出现平均数了,可以说,相对于其他统计量,诸如中位数、众数,学生们最熟悉的就是平均数了。但是熟悉不代表理解。学生们在认识和应用平均数的过程中还存在着不少错误的。

对平均数的一个普遍错误认识是"把平均水平看成平均数,或者说,平均数=平均水平"。也许这是由于平均一词在我们日常生活中出现得太频繁了。随便打开一张报纸或者电视机,都会看到诸如"北京人均住房建筑面积为25.9平方米"之类的消息,这可能会让大众觉得平均数代表的是平均水平,中等水平。梁绍君提出,"算术平均数"概念的理解有四个水平:

(1) 本义性理解水平:指平均数能代表一组数据的"普通水平"或"一般水平",这个理解一般没有什么困难。

(2) 特异性理解水平:指平均数易受极端值影响,在一些特异情况下可能不代表普通水平和中等水平。对于平均数的特异性水平的理解,虽然较过去有了很大进步,但仍然有进一步加强的必要。

(3) 加权性理解水平:一般平均数概念经拓展后就得到加权平均数的概念。一般平均数是将数据组中的各个数据等同看待的,而许多现实问题中采集数据时每个数据具有不同的重要性。当数据具有不同重要性时,必须考虑赋予数据相应的权数。

(4) 随机变量分布理解水平:指平均数作为随机变量的数学期望。平均数是随机变量的主要数字特征,权数的分配具有一定的规律。中学数学课程中的数学期望是算术平均数的直接推广,学生比较容易接受。

该调查结果表明,60%的普通工人都明白算术平均的意义。这也说明我国在平均数的教学上基本上是成功的,广大民众能够使用"算术平均数"理解平均数的价值,懂得平均数的统计意义,并能自然地将它作为一组数据的代表加以使用。他对 470 名高三理科学生调查和询问显示,30%的学生对平均数易受极端值影响的理解不够深入,以为平均数就是中等水平,超过平均数就是大多数的意思。

学生在应用平均数时容易犯的错误,归结起来有:(1)计算平均数时没把数值为 0 的考虑在内;(2)将加权平均数的问题处理成简单的算术平均数问题;(3)不了解数学期望与平均数之间有何种联系,把理应用数学期望知识解决的问题简单地当作使用算术平均数解决的问题。以色列施特劳斯(Strauss)与比希勒(Bichler)的发现是,即便是 14 岁的学生在理解"在计算平均数时要把数值为 0 的考虑在内"这条性质时也存在一定的困难。

为了了解高中生对平均数与数学期望之间的联系的认识,李慧华设计了这样一道题目:

一位才貌双全的公主被关在一座城堡中,现有 3 把钥匙随机地分给 3 名勇士依次开门,但其中只有一把钥匙可以打开牢门,则平均需要试多少次才能打开牢门? 说说你解决问题的方案。

虽然在整个问题中并没有出现"数学期望"这个术语,但问题的本质是和数学期望有关的。

第一名勇士打开牢门的概率为 $\frac{1}{3}$,第二名勇士打开牢门的概率为 $\frac{2}{3} \times \frac{1}{2} = \frac{1}{3}$,第三名勇士打开牢门的概率为 $\frac{2}{3} \times \frac{1}{2} \times \frac{1}{1} = \frac{1}{3}$,所以打开牢门的次数平均为:

$$M = 1 \times \frac{1}{3} + 2 \times \frac{1}{3} + 3 \times \frac{1}{3} = \frac{6}{3} = 2.$$

调查发现,有 40%的高三学生(这些学生刚刚学过数学期望)把随机变量的 3 个取值 1、2、3 取平均数来计算,或者认为打开门的次数最少是 1 次,最多是 3 次,平均一下即可,还有 1 名学生认为是 2 次的理由是:每位勇士各持一把钥匙之后各试 1 次,如前两个不是就一定是最后一位,否则便是前两人中一人。还有近 18%的学生所想的做法根本就是错误的。学生之所以会犯这样的错误,与目前教材的编写、教师的教学有很大关系。从引入到例题再到习题,课本中都没有涉及数学期望和平均值之间的具体联系,只是很笼统地说:数学期望反映了离散型随机变量取值的平均水平。教师教学中也不对数学期望值作一些具体的解释,于是一些学生只会学着说"数学期望反映了离散型随机变量取值的平均水平",但具体与平均数之间到底有何种联系并不清楚,在测试卷和访谈中也没有学生提出过诸如"数学期望概念中概率担当的角色就是加权平均数中权的角色"这样的观点。

于是,便出现了高三学生把理应应用数学期望知识解决的问题处理为用随机变量不同取值的算术平均数来表示的错误。

五、标准差

标准差是反映离散程度的指标之一,也是重要的变异[①]指标。它在日常生活中有着极其广泛的应用。譬如说衡量一个班级某门学科的考试成绩,不能仅仅看平均分的大小(平均分的高低受试卷难易程度的影响),标准差的大小可以客观地反映出班级同学两极分化的程度。

标准差常用的两种计算公式:总体标准差 $\sigma = \sqrt{\dfrac{\sum (x - \bar{x})^2}{n}}$;样本标准差

$S = \sqrt{\dfrac{\sum (x - \bar{x})^2}{n-1}}$。中学生在学习标准差这个概念时往往偏重于对公式的机械套用,对标准差这个概念如何衡量数据的变异和离散程度知之甚少,存在一些认知障碍。比较普遍的认知错误就是学生把反映数据离散程度的标准差和反映数据平均水平的平均数这两个指标的功能混淆在一起。何莎莎设计了这么一个题目:

标准差是一个怎样的统计指标?( )

(A)表示样本的个别情况　　(B)表示样本的离散程度

(C)表示样本的平均水平　　(D)以上都不对

有8%学生选择了C。这可能因为平均数是统计教学中比较强调的一个概念,所以少量学生把表示平均程度的平均数和表示离散程度的标准差两个概念混淆在一起了。

其次,学生对"方差小时平均数有较好的代表性"不理解。比如"在某次测验中,第一组学生的成绩分别是 74,71,68,76,73,67,70,65,74,72;第二组学生的成绩分别是 80,62,70,72,76,85,60,87,56,75。通过计算发现第一组平均分 71分,第二组平均分 72.3分,你觉得哪一组的平均分更具有代表性?(A)第一组(B)第二组(C)两组一样(D)无法判断"这么一道题目。有些学生会选择C或者D。理由是"两个平均分差不多的,怎么判断哪个更具有代表性呢"或"这些数据都有和各自平均分差距比较大的,譬如第一组的 65 分和第二组的 56 分,不通过计算我不知道哪一组的标准差更小"等。此外,学生的估算能力比较差。学生认识到数据间变异性的存在,但是对于变异的大小不能很好地估算。

大多数学生对于标准差公式的运用停留在机械运算水平,对 $\sigma = \sqrt{\dfrac{\sum (x - \bar{x})^2}{n}}$

---

① 总体各单位的特征表现存在着差异,这些差异并不是由某种特定的原因事先给定的,统计上把总体各单位由于随机因素引起的某一标志表现的差异称为变异。

公式中为何要把每个数据和平均数作差后平方不理解。他们不了解"若不平方数据会有负值",错误地认为公式中"作差后平方求和"的理由是"更精确"、"减少误差"、"将数据与平均数的差距拉开"、"可以抵消数据间的差异"等。同时,也不理解"公式最后为何要开方"。在何莎莎对 509 名九至十二年级学生对标准差概念理解的调查研究中,有 44 人回答:因为不开根号就是方差而不是标准差了。有 5 人回答:为了减少误差。这些学生认识不到只有开方才能保持和原来的数据单位一致。此外,学生对标准差公式中除以 n 的平均意义也不太清楚。

学生不通过计算比较标准差时也有不少困难。有研究(Delmas & Liu,2004)指出,学生在比较标准差大小时常用以下一些策略:A. 镜面影像策略。即指当两个图中的柱形犹如镜面反射一样交换了彼此的位置,或者说原先的柱形经镜面反射转向了相反的方向,学生发现标准差的大小不变(如下图 7-2)。

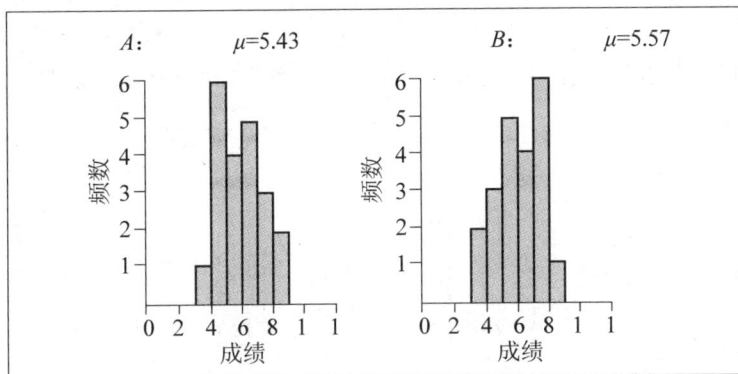

图 7-2

B. 位置策略,原先的柱形经移动相等的距离,学生发现标准差保持不变——如下图 7-3。

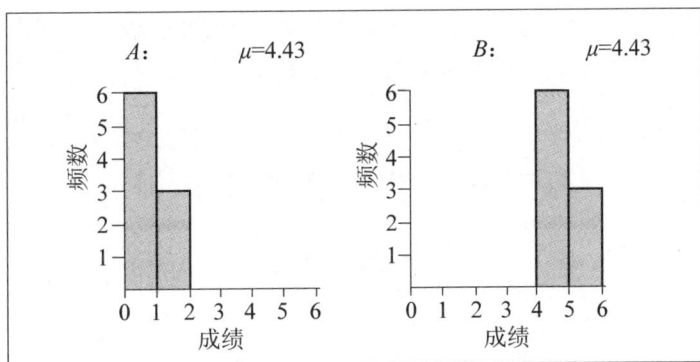

图 7-3

C. 平均数在中间策略(平均数位于中间,再把频数几乎相等的两个柱形分别放在平均数的左侧或右侧就能产生最大的或最小的标准差),下图中 A 产生了摆放这些柱形最小的标准差,而 B 产生的则是最大的标准差——如图 7 - 4。一些学生也称其为"平衡"策略。

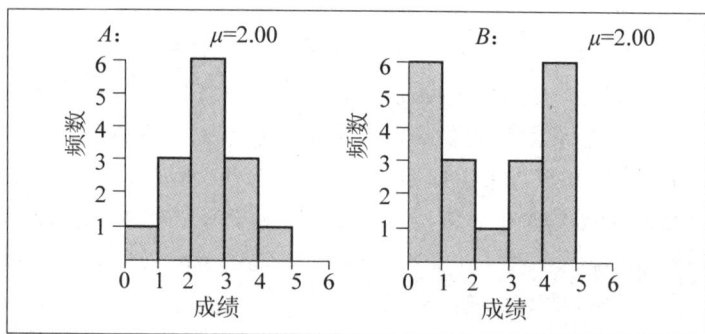

图 7 - 4

D. 间隔策略,如果在柱形之间插入间隔,会使得标准差变大,如图 7 - 5。

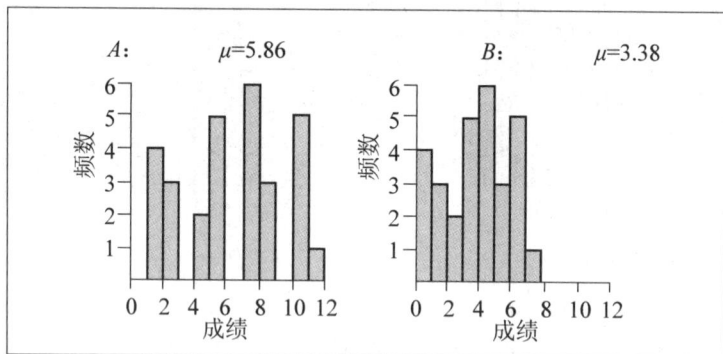

图 7 - 5

这些判断标准差大小的策略,如镜面影像策略、位置策略等,在我国学生中也都存在,但是学生不太关注总频数对标准差的影响。

第三节　教学建议及案例

根据我国学生的具体情况,结合国内外概率与统计教学的研究成果,本节提出以下教学建议:

1. 提供实践机会,让学生亲身体会解决概率与统计问题的全过程

弗赖登塔尔在《作为教育任务的数学》一书中说过:"数理统计是关于如何应

用概率的理论,它研究如何用样本去估计概率。令人惊异的是,这一可让思维自由驰骋的数学领域却被处理成一个尽是僵死法则的体系。不管学生是否理解,就把方法和公式往学生的脑袋里装,好在脑袋比胃能容纳更多的东西。搞错了的菜谱很少重复使用。可被误用的,不相干的数学,除了要给出一个令人不满的分数作为回报以外,多半还会使学生毕业后不会再去应用数学。"这段话说明了教师不能只是让学生记住法则就行了,而要让他们亲身经历解决一个概率与统计问题的全过程,这样才能真正体会随机的观念,掌握解决概率问题的技术。这个观点得到加菲尔德(Garfield)和普拉特(Pratl)的支持。例如,我们要学生求某地区某一天的降水概率。学生在制定计划前必须明确几个问题:(1)什么是降水概率?(2)什么是"降水"?(3)"降水"的意义与降水地域大小和雨量大小是否有关等等。然后要设计合理的解题策略,是通过调查该地区前几年的天气情况,还是请专家根据近几日的气象资料来进行分析推断等等;还要研究在解决这个问题时需要收集哪些信息?哪些年的降水资料?哪个地域范围的降水资料等等;并安排好取得这些信息的渠道,从报纸上?从电视台?从气象站等等。对于取得的信息,设计好如何由表及里、去粗取精地处理信息的方法,或如何建立数学模型等等。在经历了这样的一个过程之后,学生对概率的认识将不再只是课本上空洞的理论,而是变得丰富且生动了。这样的教学方式,效果显然要优于教师为学生制定好统计计划,考虑好解决问题的方方面面,学生只需要收集和分析数据的教学方式。

2. 将概率与统计联系起来看问题,以揭示内在联系

统计和概率都是研究随机事件的内在规律性,它们之间有密切的联系。许多概率值需要用统计的方法来估计和验证,同时,深入的统计研究也必须以概率为依托,统计中的区间估计和假设检验等都是在一定的置信水平下的求解结果。也正是由于这个原因,统计和概率始终是作为一个整体的两个部分同时出现的,没有统计就没有概率的统计定义,概率论的研究范围和适用范围将受到极大的限制,没有概率的统计也是"走不远"的统计。

概率与统计是一种相互渗透、相互促进、共同发展的关系。然而我国现在的概率统计教学却没有把概率和统计的这种密切关系体现出来,这除了表现在概率教学中不重视教概率的统计定义外,还表现在讲统计的时候几乎完全抛开概率。数据的统计和处理不应只是纯数字运算和图表的制作,在随机抽样思想的指导下,现实中数据的收集很多都是通过对总体的抽样获得的,概率理论恰恰保证着抽样的科学性和代表性。同时,很多的概率模型是建立在大量数据统计的基础上,通过大量重复事件发生的频数与所有事件发生次数的比值得到事件发生的可能性,也就是概率。例如,天气预报中降雨的概率,防洪标准的设立等。因此,要使学生在随机实验中统计相关的数据,并了解这些数据的概率含义,在数据统计时了解所蕴含的随机性,万不可将概率统计分割处理。

3. 设计不同的情境来模拟同一概率知识

李俊的研究中发现,有些错误概念的使用是与题目中的数据或背景有关的。她在研究中使用了不同的实验材料,如硬币、转盘和扑克牌进行教学,从测试结果来看,有的学生能够辨认出使用不同材料的两个活动有着相同的本质,而有些学生没有"眼力",题目背景或者数据一变,解题的策略也跟变。弗赖登塔尔也说过:"传统课程往往忽视表明一个事实,即概率中的同一个问题常常可以转化为多个实质相同但外貌不同的问题。"有兴趣的话,不妨做个试验,随意找一个人,问他:"随机挑选一个人,他的生日正好是 10 月 1 号的概率,和随机挑选两个人,他们的生日正好是同一天的概率。这两个概率哪个大?"如果他的数学经验不多,那么他会说后一个概率要小一些,但奇怪的是如果你再追问他:"掷一枚骰子出现 6 的概率和掷一对骰子出现一对相同数的概率,这两个概率哪个大?"他会脱口而出:"一样大。"要使他明白如果不考虑数字上的差别,这两个问题是同构的,你还得费一些口舌。所以教师在教学中就应该注意使用多种材料,安排不同的情境来模拟同一个概率问题,有意识地让学生练习如何识别问题的实质。这种识别能力不是从形式定义中可以学来的,而只有通过实践才能获得。

4. 运用信息技术来辅助概率与统计教学

概率统计的教与学都会涉及大量的数值计算,而数值计算并非教与学的重点,现代技术的发展使得我们可以借助其强大的计算功能来提高教师的教学效率和学生的学习效率。此外,现代信息技术已经具有了许多计算之外的功能,可以在教学中发挥更大的作用,例如,函数型计算器可以进行模拟实验;程序型计算器具有编程的功能,可以根据需要解决的具体问题编写含有未知参数的程序,运行而得到不同的结果;图形计算器有数据处理的功能,能输入数据,进行统计分析,计算统计量的值,画回归曲线等。教师还可以根据具体的需要选择使用诸如SPSS、SAS 这样的统计软件。此外网络上的丰富资源也值得利用。利用网络可以进行模拟实验,数据收集、分析的过程全部由网络完成,节省了时间,提高了教与学的效率。例如,抛硬币实验,画直方图,掷骰子实验,布丰投针实验,正态分布图象,掷两枚骰子的赛车游戏。这些小游戏既教概率,又潜移默化地培养学生的随机意识,寓教于乐,提高学生学习概率的积极性。

需要注意的是,计算器、计算机、网络等现代技术的介入虽然可以减少繁琐的计算,提高教学效率,增加趣味性,但它不能代替人的思考和分析,不能代替学生对概率概念和统计思想的理解。无论现代技术(包括软件和硬件)如何发展,水平如何先进,在概率统计的教学中,还是应该先做一些真实的计算和实验,让学生先在真实的、未经任何加工的现实问题面前体会概念和方法,并尽可能地让学生理解计算机(器)所做的一切,让现代技术在学生理解的基础上,作为工具而被加以利用。

5. 教学案例

该案例涉及频率与机会内容的教学,使用的是华师大版的初中数学教材。

设计意图和目的:

1. 借助实验,进一步体会随机事件在每一次实验中发生与否具有不确定性;

2. 使学生体会重复实验的次数与事件发生的频率之间的关系,了解用稳定后的频率值估计事件发生的机会的合理性;

3. 使学生懂得展开实验,通过实验数据的累加、分析、对比和讨论,探索规律。

价值:

动手实验和观察数据来发现不确定现象的发生并非完全没有规律可循,抓住实验这一关键问题,让学生在计算机模拟实验中发现规律,为本章的后续学习作好铺垫。

教材说明:

这一节是在上学年的基础的继续学习,所以一些知识从内容上来讲是以前的延续,主要是让学生去了解实验能说明什么。本课安排了抛掷一枚硬币,希望学生通过动手实验和观察数据,发现不确定现象的发生并非完全没有规律可循,体会随着重复实验次数的增加,事件发生的频率将呈现逐渐稳定的趋势,可以由此预测机会的大小,了解用稳定后频率值估计事件发生的机会的合理性。

具体方案:

还记得我们做过的"抛硬币"游戏吗?

下面是一位同学在游戏中获得的数据,他已经将这些数据填入统计表(表4),并绘制了折线图(图7-6)。

表 7-4

抛掷次数	50	100	150	200	250	300	350	400
出现正面的频数	26	53	72	94	116	142	169	193
出现正面的频率	52.0%	53.0%	48.0%	47.0%	46.4%	47.3%	48.3%	48.3%
抛掷次数	450	500	550	600	650	700	750	800
出现正面的频数	218	242	269	294	321	343	369	395
出现正面的频率	48.4%	48.4%	48.9%	49.0%	49.4%	49.0%	49.2%	49.4%

观察折线统计图7-6,当抛掷次数很多以后,出现正面的频率是否比较稳定?

在实验中,我们常常要根据实验次数和某事件出现的频数计算该事件出现的频率,并绘制折线图。当实验次数很多时,计算频率和手工绘图都相当繁琐。此时,就可以请计算机来帮忙。

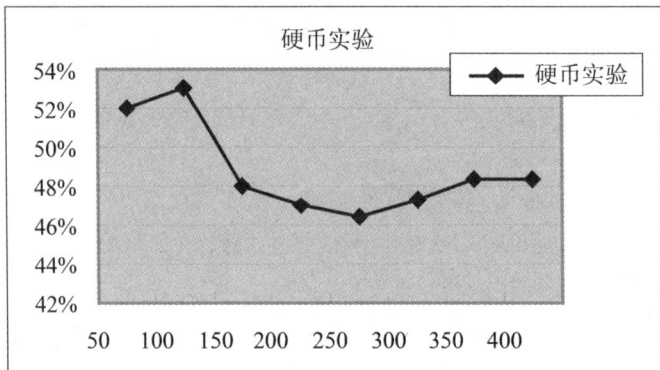

图 7-6

技术说明：

1. 新建一个 Excel 工作表，在 A1 单元格输入"抛掷硬币实验"，在 A2 单元格输入公式"＝INT(RAND()＊2＋1)"可以产生 1 和 2 两个随机数，可分别用来表示硬币正面朝上和反面朝上的两种不同状态。此处设 1 表示正面朝上，2 表示反面朝上。

2. 使用自动填充功能，将 A2 单元格的公式复制到 A3 至 A2001，此步骤相当于抛掷了 2000 次硬币。

3. 在 B 列中，从 B1 至 B4 单元格中依次输入"统计次数"、"出现正面的次数"、"抛掷次数"、"出现正面的频率"等 4 个项目。

4. 在 C1 单元格中输入"5 次"。在 C2 单元格中输入"＝COUNTIF(A2：A6，l)"，在 C3 单元格中输入数值"5"，C4 单元格中输入"＝C2/C3"。此步骤完成在抛掷 5 次硬币时正面朝上的统计情况。

5. 按照第 4 步的方法类推，依次完成"10 次"、"50 次"、"100 次"、"200 次"、"500 次"、"1000 次"、"2000 次"等状况下的各项公式输入，注意引用 A 列数据区域一定要准确无误。其中 C4：J4 中设置数值为百分数。

6. 点击工具栏"插入图表"按钮，选择"折线图"类型，以 B1：J1 和 B4：J4 为数据区域，C1：Jl 为分类(X)轴标志，绘制出正面朝上频率的趋势折线图表。

7. 反复按 F9 键。每按一次，Excel 会重新模拟一次实验，并重新处理一次数据。说明：函数 INT() 为取整函数，作用是将数字取舍到它的整数部分，如：INT(8.5)＝8，INT(3.82)＝3。RAND() 为随机函数，均匀产生一个大于或等于 0 而小于 1 的随机数。因此，INT(RAND()＊2＋1 可以产生 1 和 2 两个随机数；函数 COUNTIF 为计数函数，例如这里输入"＝COUNTIF(A2：A6，l)"，可以记录 A2 至 A6 单元格中"1"出现的次数。

| A1 | ▾ | ♠ 抛掷硬币的实验 | | | | | | | | | | |

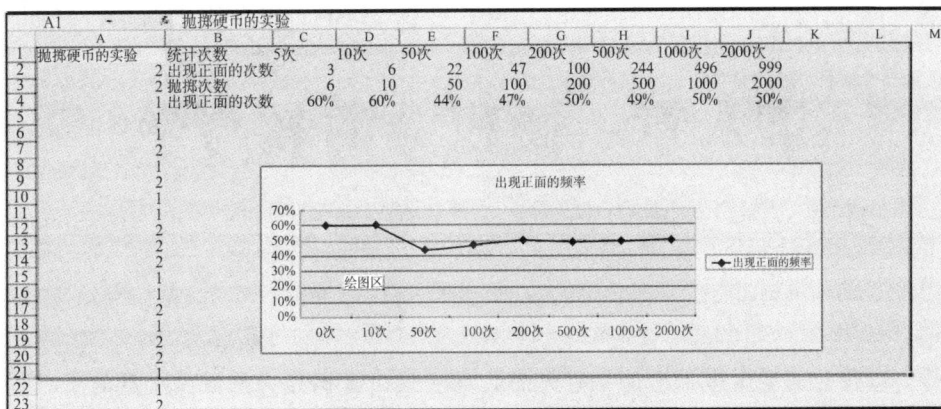

思考：

如果换成其他的实验,我们也能发现类似的现象吗?

点评:本节课有一个抛硬币的实验。在传统的课堂上,反复抛一个硬币多次就要花去大半时间,而且学生在实验时往往只顾抛,而忽视实验条件需要相同的前提,在此基础上总结出的规律既花时间又没有说服力。在本案例中,在学生适当实验的基础上,巧妙地利用了计算机的高速运算功能,简单真切的展示了实验规律,大大削减了时间的浪费,提高了课堂实效性。在信息技术 Excel 的帮助下,学生通过自己的实践操作,求证了结论的正确性,使他们在耳目一新的感受中,愉快而牢固地掌握了所学知识内容。

第八章　微积分的教与学

微积分的诞生被誉为是划时代的数学成就。微积分为函数和变量的研究提供了重要的方法和手段。英国的牛顿和德国的莱布尼茨在 17 世纪几乎同时发明了微积分。在近两百年以后的 1859 年，李善兰和伟列亚力翻译了《代微积拾级》，微积分学传入中国，但当时并没有采用拉丁字母和微积分的通用符号，这给微积分学的传播和推广带来了很大的障碍。微积分在中国较大范围的普及一直要到1949 年以后。

进入 21 世纪以来，微积分教学进入了一个新时代。世界各国基本上都把微积分引入了高中数学课程。我国教育部 2003 年颁布的《普通高中数学课程标准（实验）》也将微积分内容纳入其中，作为选修课程之一。高中数学课标还为今后希望在人文、社会科学等方面发展的学生和希望在理工、经济等方面发展的学生分别设置了关于微积分的不同学习内容和要求。简单来说，希望在理工、经济等方面发展的学生不仅要学习未来人文、社会科学等方面学生需要学习的导数的概念、导数的运算、导数在研究函数的单调性、极值等性质中的运用和生活中利用导数的优化问题，还需要了解定积分的概念和微积分基本定理的含义，为今后进一步学习微积分打下基础。课程标准强调，这些内容的学习是帮助学生体会导数的思想以及内涵，感受导数在解决数学问题和实际问题中的作用，体会微积分的产生对人类文化发展的价值。这样处理的目的是帮助学生直观理解导数的背景、思想和作用。

需要指出的是，我国高中数学课程标准在进行课程设计时并没有遵循微积分内容"极限—导数—积分"的传统编排顺序，而是在没有学习一般极限的基础上，把导数作为一种特殊极限（增量比的极限）来处理，直接通过反映导数思想和本质的具体实例（如瞬时速度）来引导学生认识和理解导数的概念。这样的课程设计是否有利于学生对微积分思想的深刻理解尚待研究。当然，这并不是本章的研究内容。本章的主题是微积分的教与学，仍旧采用微积分传统内容结构体系，即主要讨论极限、导数和积分的教与学。

本章将从三个方面探讨微积分的教与学。首先讨论与微积分有关的教学理论，主要介绍杜宾斯基（Dunbinsky）的 APOS 理论和托尔（Tall）的 Procept 理论；

其次在相关文献分析整理的基础上概括高中生以及大学低年级学生在学习微积分过程中碰到的认知困难;最后给出微积分的教学建议,并通过一个具体的教学案例进行解释。

第一节　微积分的教学理论

微积分属于高等数学的研究范围。托尔指出,高等数学思维有两个重要特征:准确严谨的数学定义和建立在此基础上的定理的逻辑演绎。朝高等数学思维的转变是一个非常困难的过程,因为概念的建立从凭借经验直观转变到通过形式定义,且概念的属性也需要通过逻辑推理加以建构。在这一思维转变期间(及以后很长的时间内),头脑里将会同时存在着早期的经验及其性质,连同不断增长的演绎知识。这会造成大量的各种各样的认知冲突,从而在学习上形成障碍。从20世纪90年代至今,许多研究试图理解和解释在这一转变过程中学生的认知冲突和思维重组,形成了诸如高等数学思维(Advanced Mathematical Thinking)过程、概念表象(Concept Image)、认知论障碍(Epistemological Obstacles)等理论模型,其中影响较大的是过程对象的两重性理论(Process-Object Duality)。本节将首先结合微积分中的例子,简要介绍过程—对象的两重性理论,然后讨论在两重性理论基础上发展起来的 APOS 理论和 Procept 理论。

1. 过程—对象的两重性理论

在数学中,特别是代数中,许多概念既表现为一种过程操作,又表现为对象、结构。概念的过程和对象这两个侧面有着紧密的依赖关系。形成一个概念,往往要经历由过程开始,向对象转变的过程,且最终两者在认知结构中共存,在适当的时机发生作用。这样的实例在微积分中很常见。比如说函数,既代表定义域中的元素按照对应法则与值域中元素作对应的过程,又代表特定对应的关系结构。在初学函数概念时,函数往往作为过程出现,我们强调函数的定义域、值域和对应法则,而当我们利用微积分为研究工具讨论函数的单调性、奇偶性、凹凸性以及极值等性质时,函数又作为了对象出现。再比如说极限,这是微积分中最为基础的概念。在初学数列极限时,我们非常强调极限是一个过程,是当 n 趋于无穷时数列 a_n 的变化趋势,而当我们学习数列极限的运算法则时,极限就被当成了运算的对象,如当 $\lim_{n\to\infty} a_n$ 和 $\lim_{n\to\infty} b_n$ 都存在时,$\lim_{n\to\infty}(a_n+b_n)=\lim_{n\to\infty} a_n+\lim_{n\to\infty} b_n$,在这里极限实际上是一个被简化和压缩的实体对象。

在概念的过程侧面向对象侧面的转变过程中,一般要经历过程的内化、过程的压缩和对象的实体化等三个阶段。以函数概念为例。正如前面所说的那样,在初学函数概念时,我们可能会给出具体的问题情境,强调该情境中蕴含的两个变量及其相互关系,即一个变量会随着另一个变量的变化而变化。这时函数是作为具体过程出现的,是和具体问题情境有联系的。在教学过程中,要帮助学生建立起脱离具体情境的函数概念,使其对函数的理解上升成为心理上的操作,不再依赖于具体的实际问题,实现过程的内化。此时学生对函数概念的理解可能是给定一个值能有另一个确定的值跟它相对应,这样的理解可能只停留在列表、描点、连线和作出函数图象等具体的操作步骤上。这就需要将这些具体步骤进行压缩,使之成为函数概念总体过程的一个组成部分,不再单独考虑。最后,在压缩的基础上,函数概念达到结构化、整体化,函数作为结构,把握了变量间特定的变化关系,成为一个对象。

事实上,作为对象的概念,在某一层次和更高一级层次之间起着一种枢纽作用:它既要操作别的对象,又要被高层次的运算来操作。仍旧以函数为例,函数对变量进行操作,同时它作为对象又可以被施加四则运算、求导、求积分等运算。正是有了这样的上下联系,才能真正实现概念的对象化。要是学生对函数概念的理解停留在过程性的水平上,他一定无法理解函数的复合、求导、积分等运算。也就是说,只有当一个概念被另一个高一级的过程运算,才能看到该概念对象化的必要性,才能真正实现概念的对象化。

2. APOS 理论

在过去的十年间,APOS 理论对高中以及大学数学教育研究的影响非常重大。APOS 理论是由美国学者杜宾斯基等人提出的建构主义学习理论。该理论的基本假设是学生在解决数学问题时需要经历操作(Action)、过程(Process)和对象(Object)等阶段,并在此基础上形成图式(Schema),从而才能理解问题情境并解决问题,获得数学知识。APOS 理论源自皮亚杰的反省抽象理论。它对于理解学生在微积分、抽象代数、统计、离散数学等高等数学领域的学习非常有用。下面对该理论的四个要素进行简短的介绍。

操作是指通过任何物理或思维的变换,将一个对象转换为另一个对象。它是个体对外界刺激的反应。它可以是单步骤的反应,例如物理反应,或者是对过去事实的回忆等;也可以是多步骤的反应,但是在每一步,下一步是由先前得到的结果所引起的,而不是由个体对变换的有意识控制所决定的。当个体对操作进行反思时,他可能会建立对该操作的自觉控制。此时,该操作被内化,并成为过程。

过程是个体对对象的心理变换,这时个体不需要具体实施变换所涉及的所有步骤,他能够在头脑中描述并且想象变换的步骤,进而可以对建立的过程进行逆用,甚至和其他过程组合使用。这样的组合可以形成新的过程(例如复合函数),也可以相互联系形成图式。当个体对过程进行反思时,这些过程就成为对象。

对象是通过对过程的压缩得到的。当个体意识到过程的全部以及可以在其上实施的变换,并且能够构建这样的变换时,压缩才得以实现。对象可以被解压缩重新得到过程。在数学概念的对象和过程层面上来回往复有助于理解数学概念的本质。

图式是由相应的操作、过程、对象以及与某些一般原理相联系的其他图式所形成的一种个体头脑中的认知结构,它可以被用于解决与这个概念相关的问题。

在对 APOS 理论的实际运用中,关于图式的理解有了新的发展。由皮亚杰和加西亚提出的"三位一体"(triad)概念被用来描述图式的发展过程,其中包含三个阶段:内部(Intra)、交互(Inter)和转换(Trans)阶段。在图式发展的内部阶段,个体只关心个别的操作、过程和对象,并不考虑其他具有相似本质的认知实体。比如说,对于函数概念,处于内部阶段的个体,倾向于关注单独的函数以及能作用在其上的各种运算活动。在交互阶段,个体能建构这些认知实体之间的关系和变换,他们有时会把这些实体组合在一起并用统一的名称。对于函数来说,个体能够考虑函数的加法、分解等,甚至开始考虑将这些操作看成是函数变换的具体情况。在转换阶段,个体建立起内隐或者外显的基础结构,使图式具有明确的外延。比如说,处于转换阶段的个体对于函数概念能够建立起诸如函数环、函数的无限向量空间以及建立在该数学结构上的运算等各种变换系统。

大量的实证研究表明,APOS 理论可以用来解释学生在学习包括微积分在内的许多数学概念时出现的困难,并且能提供有助于学生学习复杂且抽象的数学概念的教学策略。

3. Procept 理论

托尔认为,数学知识的认知发展表现出三种不同的途径,对应着三个不同的数学世界。

第一世界被称为"概念具体化世界"(conceptual-embodied world)。它源自我们对世界的直观感知,既包括对物理世界的感知,也包括对思维世界的感知。通过反思,我们可以利用感觉经验想象并不存在于外部世界中的概念,比如说一根"完全笔直"的"直线"。

第二世界被称为"Procept—符号世界"(proceptual-symbolic world)。该世界开始于行为(例如计数),利用符号可以将行为压缩成为概念,这些符号可以帮助我们在过程和概念之间来回转换,有助于进行算术、代数、微积分等的计算和操作。

第三世界被称为"形式—公理世界"(formal-axiomatic world)。在该世界中,数学概念用形式定义来表示,其性质通过形式证明获得,成为用公理化系统定义的数学结构(如环、域、向量空间等)。此时,几何成为公理化几何,而微积分成为数学分析。

托尔的上述理论建立在个体的感知、行为和反思等重要活动之上,提炼了个体数学思维发展的途径和过程,有助于理解和解释学生在数学学习中遇到的困难。比如说,从整数向分数的转换相当复杂。在新的情境下,以往的经验可能会引起冲突。在学习整数时,学生有这样的认识,即每一个整数都有下一个整数,且这两个整数之间没有别的整数。该认识在分数学习时会引起误解,因为对于任何一个分数,它并没有下一个分数之说,且任意两个分数之间都有许许多多其他的分数。类似地,当从算术转向代数时,一个可能会引起冲突的旧经验是任何的和式都有最终结果,比如说,和式 $3+5$ 的结果是 8。但是代数表达式 $3+5x$ 没有最终结果,除非 x 是已知数。如果 x 是未知数,将和式理解为获得结果的操作过程的学生,就面临着无法继续的困惑。对于微积分而言,问题更多。极限是微积分里的重要概念,达到极限的过程是一个无限的过程,由于对无限理解的不充分,学生往往会出现类似于"$0.\overset{\cdot}{9}<1$"的错误表现。这些例子在一定程度上也体现出学生对 Procept 的理解不足。

Procept 是由加略(Gary)和托尔首次提出来的。它表明同一个符号可以同时理解为过程和由该过程产生的概念(这里的概念即为杜宾斯基所说的对象)。微积分中的 Procept 与符号化相联系,但它们并不具备代数模式化过程中体现出来的相同的算法功能。例如符号 $\sum \frac{1}{n^2}$ 既表示过程,又表示概念,但是我们无法对该符号进行实际操作。

托尔曾经详细讨论了微积分中的 Procept。他首先指出微积分的表征形式更为丰富,共有五种:通过人类活动感知变化、速度、加速度等概念的发生的表征形式;数值的和符号的表征形式能实现操作,包括学生利用计算机编程实现的操作;图象的表征形式可以通过作图获得;依赖形式定义和证明的数学分析中形式化的表征形式。

托尔给出了如图 8-1 所示的微积分表征形式的发展示意图。该示意图表明,发生的经验能为数值的、符号的和图象的微积分提供一个直觉基础,而数学分

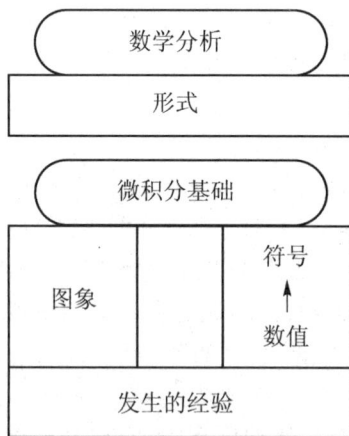

图 8-1 微积分的表征形式

析则需要更高水平的形式化表征形式加以支持。托尔进一步指出数值的和符号的表征形式的发展涉及过程—概念的循环。微积分中函数、导数、积分和极限都是 Procept 的具体体现。

不同的表征形式在表征微积分的这些 Procept 时各有优势。发生的经验有助于培养学生对微积分概念的直觉认识。图象化的表征形式能为微积分概念的学习提供一个并不需要借助形式定义和证明的平台，从而加强对概念的洞察力，比如在学习导数概念时，可以利用计算机有限次对连续函数图象的放大帮助学生理解"局部线形"的性质，从而避开复杂的极限过程。数值的、图象的和符号化的表征形式相互联系，其间的交互性有助于对 Procept 本质的理解。

如果用托尔的三个数学世界的观点来分析微积分的表征形式，我们可以看到，发生的表征形式对应着"概念具体化世界"，个体通过诸如运动物体的速度位移关系等活动经验感知微积分；数值的、符号的和图象的表征形式对应着"Procept—符号"世界，此时可以对微积分进行各种计算和操作，利用符号可以对微积分概念进行压缩，使其概念的过程和对象侧面能更好地协调工作，深化对概念的理解；形式的表征形式对应着"形式—公理世界"，依赖形式化的定义和推理，微积分上升成为数学分析，其严谨性、抽象性得到进一步提升。

杜宾斯基的 APOS 理论和托尔的 Procept 理论都是基于概念的过程和对象两重性理论发展起来的。Procept 理论在处理过程和对象关系时比 APOS 理论更为辩证，且符号化在 Procept 中起了非常重要的作用。有评论指出，APOS 理论中的图式与其他三个阶段相比并不完善，还需要进一步发展，而 Procept 理论中对符号的作用还需要进一步研究，符号究竟是如何帮助发展 Procept 的还值得深思。

第二节　学生对微积分的理解

本节结合相关文献从极限、导数、积分三个方面介绍学生对微积分的认识和理解，力求在介绍国际相关研究的基础上突出对本国研究的讨论，遗憾的是，中国在这些方面的研究还刚刚起步。

1. 极限

极限是微积分中最为重要的概念，是学习连续、导数、积分的基础，但同时它又是学生非常难以理解的概念之一。

柯尔尼（Cornu）曾经解释极限教与学的困难不仅在于极限概念本身的丰富性和复杂性，还在于仅凭极限定义本身并不足以生成理解该概念所需的认知要素。记住极限的定义是一回事，而掌握极限概念是另一回事。柯尔尼指出学生在进入课堂学习极限概念以前,已经通过日常生活经验(比如说术语的日常含义)对概念有了一定的认识,这些认识与新学的知识交织在一起,对发展概念的理解有一定影响。就极限概念而言,学生在上课之前就了解"趋向"和"极限"的日常含义。在接触到极限的形式定义以后学生往往会继续使用这些术语的日常含义。有调查揭示,就学生而言,"趋向"有很多不同含义,例如接近(最后仍旧保持远离),接近不能达到,接近恰好达到,类似(没有变化,比如"这个蓝色接近紫色")。对词语"极限",不同的学生在不同的情况下有不同的理解,例如"可以到达的不可超越的界","不可能到达的不可超越的界","可以接近的点,但是不可以到达","可以接近并到达的点","最大或最小值","限制、禁止"等。由于诸如"极限"和"趋向"这样的词语既有其日常含义又有其数学含义,这两者之间容易产生冲突。

除了语言困难之外,托尔还概括了极限概念引起的其他认知困难:

(1) 极限的过程并不能通过简单的算术或代数运算加以实施,这里还涉及无限的概念,这也是学生所不了解的;

(2) 任意小的量实际上隐含了无穷小的概念,但是无穷小又没有被明确教过;

(3) 同样的,N 变得越来越大,隐含了无穷大量的概念;

(4) 学生对于极限是否能到达有困难;

(5) 从有限到无限的变化有困惑。

我国学者在学生极限理解方面的研究刚刚起步。魏琴调查了 401 位浙江绍兴高三学生对极限的理解。研究发现,这些学生对极限的理解可以分为四类:极限是可以到达的,极限是不能到达的,极限是近似值以及极限是精确值。遗憾的是,魏琴并没有对学生的四类极限理解方式进行深入的分析和解释。另外,该研究还发现日常语言和学生对无限概念的理解是影响学生极限理解的两个重要因素。这与上述托尔所指出的认知困难相符合。

朱卫平调查了 138 名来自数学、物理和小学教育专业的大一学生后发现,直观动态的极限概念表象在学生的头脑中占据主要位置,这些学生在极限方面的主要错误有三类:极限值等于函数值,极限值不能达到,极限值是近似值,他们(包括数学系的部分学生)对极限的形式化定义的理解有很大困难。

赵军对湖北高中学生关于极限认知的测试调查表明,这些学生对具有几何背景的极限概念容易理解,如下题所示,97% 的高一学生和所有参加测试的高二和高三学生给出了正确的回答,但他们对极限的形式化定义的理解存在较大困难。

给定一条线段,你可以用直尺和圆规将它平分,比如长度为 1 的线段 AB,平分后得到中点为 C;将线段 CB 平分,得到中点 D;将线段 DB 平分,得到中点 E;……

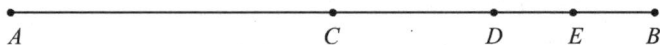

通过观察,可以看出,越往后平分,中点趋近于哪一个点?

数学教学心理学

事实上,在解决类似于上述的几何背景的极限问题时并没有真正涉及到无限的概念。它只是在对其中的几何度量进行考虑,并没有牵涉到数值。用柯尔尼的观点来分析,这里并没有从几何图形到纯粹的数值解释的迁移,因而关于数列的或函数的极限概念是缺失的。学生能够解答这道问题,并不代表他理解了极限的概念。正如古希腊数学家在公元前就用穷竭法发现了任意两个圆面积的比值就是其半径平方的比一样,穷竭法的思想非常接近现代的极限概念,但我们并不能确认他们掌握了极限概念。

对无限的理解是影响学生极限概念理解的重要因素。赵军的测试中有一道题是问学生"你认为$0.\dot{9}=1$吗?为什么"。数据分析表明,有26%的高一学生、33%的高二学生和78%的高三学生认为等号成立,有很多学生认为$0.\dot{9}$只是无限接近而永远不能等于1,某位学生的解释是他尽管知道$0.\dot{9}=3\times0.\dot{3}=3\times\frac{1}{3}$ $=1$,但是他始终不明白1与$0.\dot{9}$的差为什么会凭空消失。季冬青在对常熟1242名高二和高三学生的测试中也同样出现了这道题目,有超过八成的学生认为$0.\dot{9}$ <1或$0.\dot{9}$无法计算。由于无法充分认识$0.\dot{9}$中涉及到的潜无限的概念,学生自然无法将$0.\dot{9}$与1对等起来。

托尔对学生的这种认识作了另一种解释。他指出,大多数非形式的极限思想本身带有一种趋近于极限值的动态感觉,例如,随着n的增大,和式$1+\frac{1}{2}+\cdots+$ $\frac{1}{2^n}$趋近于极限2。这不可避免地产生一个认知结果,托尔称之为"一般的极限特征":一个数列的所有项都有的共性对极限也成立。按照这一思想,数列0.9,0.99,0.999,…的极限一定小于1,因为所有各项都小于1。因此$0.\dot{9}<1$。

2. 导数

相关文献指出,学生对简单函数的求导运算有较好的掌握,但是在理解导数概念涉及的极限过程上有很大的困难。奥尔顿(Orton)对60名十二年级学生(相当于我国高三)和50名大一学生的调查说明了这个难点。

例如,如图8-2所示的函数曲线的割线PQ,当Q_n越来越靠近曲线上的P点时,会发生什么情况。有43名学生,甚至在有强烈提示的情况下,也无法指出该过程使得割线成为曲线的切线。许多学生只关注弦PQ本身,而忽略了PQ的割线身份以及其变化的趋势,比较典型的回答包括"这条线段变得越来越短","它变成了一个点"以及"面积越来越小"等等。

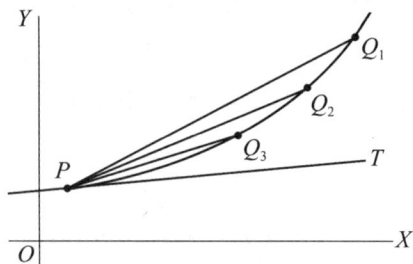

图 8-2 割线与切线

奥尔顿的研究还发现,学生在使用图形表征时有困难。学生通常能够正确计算多项式函数的导数,能成功解答如"求函数曲线 $y=x^3-3x^2+4$ 在 $x=3$ 处的切线斜率"这样的问题,但是当函数以图象形式表征出来,学生就会表现出诸多错误,例如混淆平均增长率和瞬时增长率,或者简单给出这点处的函数值。

另一项研究是 89 名大一数学系学生对图 8-3 所呈现问题的回答。第一个问题有 28 人答对,29 人答错,31 人给出不完整的回答,错误主要集中在对连续和可导以及可导和左导、右导之间的混淆。第二个问题作出 f' 的图象,有 67 位学生在区间 $[-4,2]$ 上给出正确图象,有 5 位学生在此区间上的图象不正确;有 63 位学生考虑了区间 $[2,5]$ 上的导函数的正负号,但是只有 18 位学生给出了可以接受的导函数图象,如果再结合导函数在 3 和 5 上的值,那么只有 10 位学生给出了令人满意的图象。关于第三个问题,只有 35 位学生作了回答,给出的函数图象的唯一共同点是在区间 $[-2,2]$ 上是一条线段,其中只有 14 人给出了正确的斜率,至少有 14 人的图象是不连续的,只有 3 人给出了可以接受的图象。

这说明,许多学生不能直接利用图象进行求导运算,而要依赖函数的代数表达式,即使他们对函数符号表征进行求导后得到的结果与图形不符,他们似乎并不能意识到这之间的冲突,他们更为倚重计算而不是图形。这一现象在其他研究

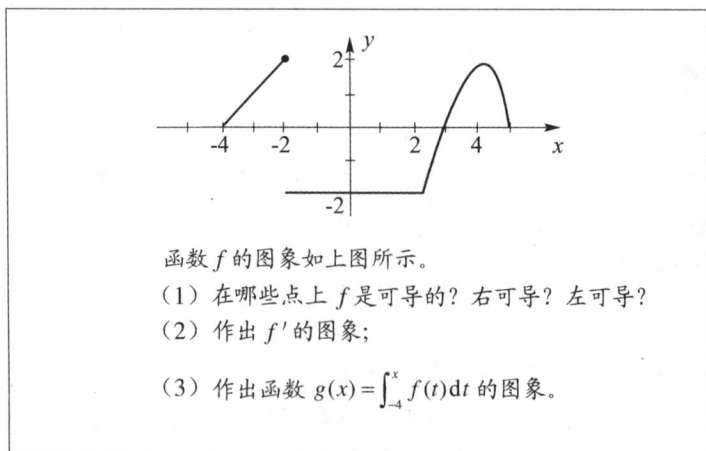

函数 f 的图象如上图所示。

(1) 在哪些点上 f 是可导的? 右可导? 左可导?

(2) 作出 f' 的图象;

(3) 作出函数 $g(x)=\int_{-4}^{x} f(t)\mathrm{d}t$ 的图象。

图 8-3 关于微积分的一道测试题

中也有体现。学生在微积分中不愿意使用图象的表征形式,在某些利用图象马上能够解决的问题上,学生还是不愿意利用图象表征,这是因为他们更习惯于数值的和符号的解题策略。

托尔指出,学生在面对微积分的认知困难时,只能借助微分和积分运算的规则解题,且对非常规题的答对率非常低。比如说,一个常规的问题是如果 $f(x)=x^{-1}$,求 $f'(x)$ 或如果 $f(x)=x^5+x$,求 $f(x)$ 的递增范围;而非常规的问题是当 $f(x)=\begin{cases}ax, & x\leqslant 1 \\ bx^2+x+1, & x>1\end{cases}$ 时,求 a 和 b 的值使得 $f(x)$ 在 1 处可导。19 名被调查的学生中没有人能够解决这个非常规问题。这些学生解决常规问题的平均成绩是 74%,而解决非常规问题的平均成绩只有 20%。

事实上,就笔者教授大学微积分的经验来看,我国学生也有类似的问题,他们在不理解概念本质的情况下往往通过记忆求导和积分的法则和公式来应对考试,而且我国学生能够解决的常规题范围更广。上述那道非常规题对我国学生来说就是一道常规题。导数是我国普通高中数学课程标准选修课程中的重要内容,中国学生在导数上的认知水平如何呢?

陈婷通过测试调查并辅以访谈,研究了北京 288 名来自普通高中和重点高中的高三学生对导数概念的理解水平。研究结果表明,这些学生基本能够对给定的函数根据具体公式和规则进行求导运算,且复习对提高学生的求导运算能力有一定帮助;学生基本上能在已有经验的基础上,感性认识典型例子中所抽象出的变化率的概念,体会其共同特征;仅有少部分学生能完全深刻理解并正确应用导数知识解决函数的单调性、极值等具体问题,而许多学生虽然也能够按要求完成试题,但是却不能说明理由,仅是按照该类题型的通用解法按部就班地套用公式与计算,而程度稍差点的学生则显得无能为力。

下图是陈婷测试卷中的第三题。该题要求学生结合 $f'(x)$ 的图象判断函数 $f(x)$ 的图象。该题考查学生结合图象利用导函数性质推断原函数单调性以及变化率快慢等性态的能力,这需要学生深刻把握导数概念的本质。

3. $f'(x)$ 是 $f(x)$ 的导函数,$f'(x)$ 的图象如右图所示,则 $f(x)$ 的图象只可能是(　　)。

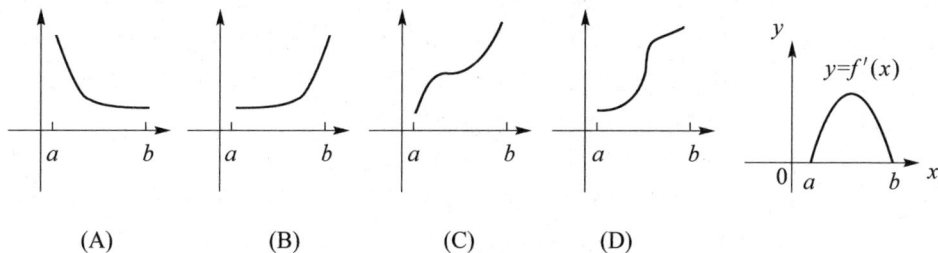

(A)　　　　(B)　　　　(C)　　　　(D)

图 8-4　一道涉及图象表征的测试题

该题的测试结果表明,大约四分之三的重点学校学生能作出正确的推断,而普通学校却仅有四分之一的学生能给出正确答案。性别差异在这里体现得也较为明显,男生的平均分要明显高于女生。访谈数据表明,重点学校的学生大多能够清楚地说明选择的理由,包括从给定图象中导数大于零的信息判断出函数单调增和从导函数先增后减判断出原函数的增减快慢,甚至有部分同学能够把它与典型例子联系,分别用路程、速度和加速度的关系解释该题(如加速度大于零说明速度递增,加速度增大说明速度变化加快),借助物理现象作出正确选择;而普通学校的学生大多不能把握原函数与导函数之间的关系。这些学生在该题上的表现进一步证实了阿尔提格(Artigue)的观点,即学生在涉及图象表征的导数问题时有困难。这可能与在处理图象信息时很难归纳出类似于求导等符号运算可以依赖的公式和规则这一事实有关。这也反映出很多学生对导数概念的理解处于斯坎普所说的"工具性理解"水平,而不是"关联性理解"水平。

秦德生分析了东北地区 785 名高三学生、314 名大学一年级学生和 290 名大学四年级学生的导数理解水平。研究的主要结论是,高三学生对导数的理解水平在各维度上的发展并不均衡。他们在导数计算、利用导数研究函数性质等问题上的表现较好,而对变化率、导函数图象以及对导数问题背景意义的理解水平偏低;学生在解决问题时不善于使用具体的图象策略,学生习惯于使用符号表征,很少用自然语言表征和图象表征,对运用抽象策略有强烈偏爱;在利用导数解决实际问题时,物理和生物背景差异不明显,但二者与经济问题差异明显,学生在解决经济问题时比较困难。

总的来说,尽管从表面上看学生可以进行求导运算,但是从现有的研究结果来看,学生对导数的理解还不够深刻,他们缺乏灵活运用导数的各种表征形式解决问题的能力。

3. 积分

奥尔顿通过访谈调查了 110 位 16—22 岁英国学生对积分和导数的理解,其中 60 位学生来自十二年级,其余 50 位来自大学。在比较两组学生在每道试题平均得分的基础上,奥尔顿发现他们的表现基本一致,即高中组学生觉得容易或困难的试题大学组学生也觉得容易或困难,反之亦然。这些学生基本能够理解定积分是和式的极限,但在定积分运用上的表现相对较弱。他们在解释小矩形面积之和的极限等于曲边梯形的面积、两个函数的和的定积分等于函数定积分的和(如图 8-5)以及计算旋转体体积等方面的表现最为欠缺。

图 8-5 所示试题满分是 4 分。高中组学生的平均得分是 1.10 分,大学组学生的平均得分是 0.60 分。尽管两组的表现都不佳,但是出人意料的是,高中组的表现明显好于大学组。奥尔顿的解释是该试题所涉及的知识内容并没有教过,而高中组好学生能力强于大学生成为他们能解决这道对他们来说都比较陌生的题

目的主要原因。奥尔顿发现,尽管有很多学生具备解决本题所需的极限知识,但是他们不知道如何运用定积分的极限定义来说明所给结论的正确性。

奥尔顿还利用唐纳森(Donaldson)的三类错误模型,即结构错误、任意错误和操作错误,对这些学生表现出来的错误进行了分析。结构错误指的是由于不能把握问题涉及要素的关系或者不能掌握获取解答必需规则而产生的错误,任意错误指的是由于没能考虑所给约束条件任意而为所造

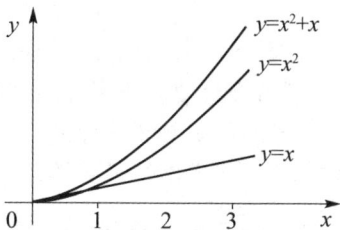

利用图像或其他方式解释,为什么

$$\int_0^a (x^2+x)\mathrm{d}x = \int_0^a x^2\mathrm{d}x + \int_0^a x\mathrm{d}x.$$

图 8-5　一道定积分的测试题

成的错误,操作错误指的是尽管解题所需的知识要领均已掌握但由于运算失误所产生的错误。奥尔顿指出在运用这个模型分析学生错误表现时发现,有的学生在解决问题过程中会暴露出不止一种错误。对积分理解的错误分析表明,结构错误和操作错误是较为频繁出现的类型,而任意错误几乎很少出现。事实上,结构错误与对概念本质理解不够深入有密切关系,而操作失误很明显就是运算能力不强造成的。因而,奥尔顿的研究暴露出学生在积分概念和运算操作均有缺失。

托尔指出,由于学生在面对微积分问题时往往借助于过程性的操作,缺乏对微积分概念之间联系的把握,一个典型的例子是学生知道如何求微分和积分,但是居然不知道微分和积分是互逆的运算过程。这一点得到了贝里(Berry)和尼曼(Nyman)的肯定。他们发现学生把积分看成是一系列的运算技巧。

由于积分内容在我国普通高中课程标准中所占份量很小,所以关于积分的研究也不多,且大部分都是关于学生在计算积分时的常见错误分析,缺乏对学生积分认知方面的研究。

概括地说,我国学生在不定积分计算上的错误有:运算过程中丢掉积分常数,混淆不定积分与原函数的概念,对公式 $\int \frac{1}{x}\mathrm{d}x = \ln|x| + c$,$\int x^n \mathrm{d}x = \frac{x^{n+1}}{n+1} + c$ 等的错误应用,符号使用不规范,例如丢掉积分号"$\int$"或"$\mathrm{d}x$"等;他们在定积分计算上的错误有:定积分计算结果中出现积分常数,丢积分符号、积分上下限等,被积函数中带有(或应有)的绝对值符号处理错误,用换元计算定积分时出现改变积分上下限的错误,变上限积分函数求导错误,瑕积分的计算错误。

第三节　教学建议及案例

微积分内容的教学具有相当的挑战性。可能的解释是,函数、数列等微积分

基础对象的结构复杂性,存在各种障碍(例如某些术语的含义与其日常生活含义的冲突,对于无限概念的理解等),学习某些技能时产生的难度(例如上下界的运用,完备性公理的使用等)和微积分形式化造成的难度(例如形式化的概念定义与学生直觉认识之间的冲突)。因此,如何有效进行微积分内容的教学显得尤为重要。本节将提出若干教学建议,并通过一个教学案例加以说明。

1. 展现微积分的教育形态

张奠宙指出数学有三种形态:原始形态、学术形态和教育形态。原始形态是指数学家发现数学真理、证明数学命题时所进行的繁复曲折的数学思考;学术形态是指数学家在发表论文时采用的形态,其特点是形式化,严密地演绎,逻辑地推理;教育形态是指通过教师的努力,启发学生高效率地进行火热的思考,把数学知识体系转变为学生容易接受的形态。张奠宙从理论高度解释了数学研究与数学教学的区别。事实上,数学教育形态的提法与教学要建立在学生已有知识经验的基础上这一根本教学理念相吻合。奥苏贝尔曾经说过,如果要把所有教育心理学原理归结为一条,我会说影响学习最重要的因素是学生已经知道了什么。

微积分被公认为是比较难学的内容,本章第二节较为详细地介绍了学生在微积分学习中的错误观念和直觉。这些都是我们进行教学的起点。教师应该让学生明确知道微积分学习的困难所在。比如说,在开始正式教授极限概念以前,设计恰当的教学活动,让学生意识到可能会影响到极限学习的特殊的概念表象、直觉、经验等,展现微积分的教育形态。问题是该如何展现微积分的教育形态,帮助学生有效理解微积分。

寻找合适的认知根源可能是一条途径。与其让学生一开始就接触形式定义,还不如设法寻找一条建立在学生熟悉的又能为今后数学发展提供基础的概念之上的途径。托尔把这种概念称为认知根源。认知根源不同于数学基础,数学基础是学科逻辑发展的一个合适的出发点,而认知根源则更适合课程的发展。实际上,认知根源可以被理解为数学教育形态一种具体体现。在微积分的学习中,极限概念是数学基础的一个良好例子,但是它作为学生思维的基础就显得很难,尤其是对微积分的初级阶段来说。另一方面,当给定图形被越来越放大时,其弯曲程度会减小,这样的思想非常直观,且容易为学生所接受。这说明局部线性可以被认为是微积分的一个恰当的认知根源。

通过数学本原性问题也有助于把握数学的教育形态。数学本原性问题着重数学思想。与微积分有关的本原性问题有:

● 为什么微积分要研究增量?

● 如何研究瞬时速度?瞬时速度是出发点,还是微积分的力学解释?先有导数,还是先有瞬时速度?

● 为什么要求切线的斜率?

- 为什么可导必然连续？
- 为什么连续不一定可导？
- 什么是函数的局部性质？
- 为什么要学习闭区间上连续函数的三大性质？
- 微分中值定理如何处理整体性质？

其实这样的问题还有很多。例如，为什么连续一定可积？微积分基本定理的重要性体现在哪里？

如果教师在上微积分时能够把这些本原问题讲清楚，微积分就不再是冰冷的形式化体系，而具有了深刻的内涵，体现了"火热的思考"。

2. 寻求微积分概念不同表征形式之间的平衡

微积分概念的表征形式包括了符号的和图象的。与图象表征相比，学生似乎更愿意使用符号的表征形式。学生倾向于使用依赖过程步骤的符号形式处理微积分问题，对图象表征形式缺乏深刻认识（见本章第二节）。这在一定程度上与符号表征形式的模式化有关，学生只需套用求导法则和公式就能进行求导运算，并不需要理解导数的本质含义。然而，图象表征形式在某种程度上能体现微积分概念的本质。例如，在讲解为什么连续不一定可导时，用函数 $y=|x|$ 的图象可以很快给出直观解释。

斯坎普的工具性理解和关联性理解的理论可以用来解释学生套用公式计算能力强但是碰到图象表征问题束手无策的现象。工具性理解指的是一种语义性理解（知道符号所代表的事物）或一种程序性理解（知道一个规则所指定的每一步骤是什么）；而关联性理解还需要对符号意义、获得符号所代表的事物的意义、规则本身有效性的逻辑依据等有深刻的认识。因而，具有关联性理解的学生能够建立起微积分概念不同表征形式之间的联系，而具有工具性理解的学生只能解答涉及程序性的求导或求积分运算。

贝里和尼曼就帮助学生建立起导函数图象和原函数图象之间的联系为目标进行了个案研究。该研究将位移—时间和速度—时间图象作为背景。首先，给学生四幅如图 8-6 所示的导函数图象，这些函数被理解为是速度—时间图象，然后让学生利用 TI83 计算器和基于计算器的测距仪（简称 CBR，Calculator Based Ranger）进行实验。CBR 能记录移动物体（人）在设定时间内的位移，实验数据被传送回计算器，计算器能自动作出相应的位移—时间和速度—时间图象。实验的目的是使得人的移动产生的位移—时间图象的导函数就是给定的图象。学生在实验过程中的讨论、记录、草图以及 CBR 采集的数据都被收集起来，成为实验数据。个案研究的结果发现，图形计算器和 CBR 的使用促使学生从原来对微积分是算法过程的工具性理解转变为了通过图象将导函数和原函数联系以来的关联性理解。可见，计算器等信息工具的恰当使用对发展学生对微积分的关联性理解有促进作用。

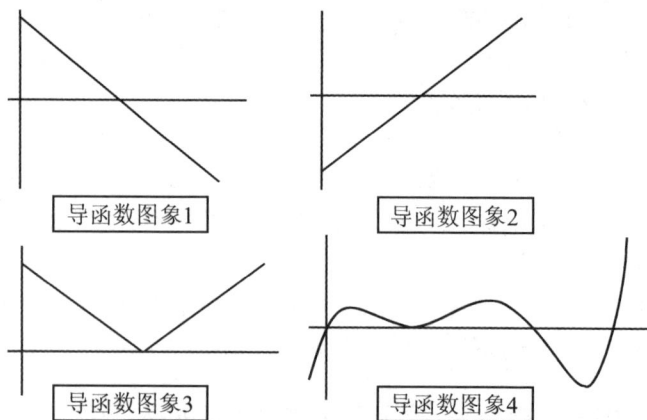

导函数图象1　　　导函数图象2

导函数图象3　　　导函数图象4

图8-6　用来表示速度—时间关系的导函数

接下来的教学建议将详细讨论信息技术在微积分教学中的作用。

3. 使信息技术成为概念理解的有力工具

托尔详细阐述了如何利用信息技术的可视化优势进行微积分的教学。如在"展现微积分的教育形态"中提到作为认知根源的"局部线性"能通过计算器的图象功能清晰地表示出来。如图8-7所示,在电脑环境下,当函数图象被放大后,它就显得没有那么曲了,而当图象看上去比较直了,则此时图象的梯度就可以用这条直线的梯度来表示。这样的教学方式利用了电脑图象技术,强调了逼近的概念,避免了原来形式定义中需直接面对的极限概念,使其隐含在图象放大的过程中,有利于学生把握导数概念的本质。

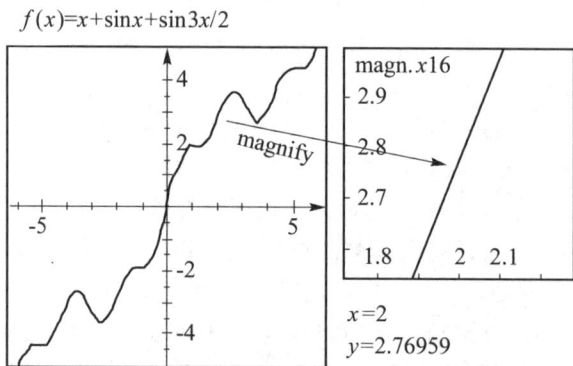

$f(x)=x+\sin x+\sin 3x/2$

magnify

magn.$x16$

$x=2$
$y=2.76959$

图8-7　局部线形(原图摘自 Tall,1997,p. 309)

托尔提出利用电脑"图解微积分(graphic calculus)"的教学方式。该教学方式包含三个步骤。

● 第一步是熟悉概念并讨论概念的含义。这通过基于计算机辅助下的师生

数学教学心理学

间对话得以实现。此时数学概念具有了计算机屏幕上动态显示的外在表征。

- 第二步是学生通过计算机对概念进行操作活动。
- 第三步通过讨论和评价审视建立起的概念,并确保学生获得的概念表象与数学领域的定义一致。

以上述用局部线性展示的导数概念为例。通过 x 点的变化,学生可以观察到相应放大的函数图象及其斜率的变化。通过实证研究发现,这样教学能有助于学生理解切线为通过曲线上非常靠近的两点的直线和导数的概念。该教学方式充分利用了电脑图象化和动态化的优势,为学生理解导数、积分等概念提供了认知基础。当然,计算机并不能解决微积分教学中的所有问题,它能够帮助克服一些学习障碍,但是它的使用会带来一些新的问题,例如,课堂管理,协调计算机的使用和数学学习之间的关系等。这就要求我们在使用计算机进行微积分教学时一定要充分挖掘其不可替代的优势所在,使得技术的使用成为教学中不可缺少的组成部分。

4. 重视情感因素对概念学习的影响

在微积分教学中,有意识地向学生介绍微积分的发展历史和微积分在其他学科以及社会生活中的应用对于激发学生的学习热情,培养学生对微积分的欣赏,活跃课堂气氛,乃至提高教学质量,将十分有效。

极限、连续、导数、积分等微积分重要概念也有美学价值。极限具有意境美,李白的诗句"孤帆远影碧空尽"可以用来比喻变量趋向于 0 的动态过程;宋朝叶绍翁的"春色满园关不住,一枝红杏出墙来"生动贴切地描述了无界的状态;初唐诗人陈子昂的"前不见古人,后不见来者,念天地之悠悠,独怆然而涕下"是古人对时间和空间无限的认识。连续具有和谐与奇异之美,正弦函数等三角函数呈现周期变化,周而复始,有高峰有低谷,体现了和谐美;而象狄利克雷函数这样的间断函数,其不规则和与众不同体现了奇异美。导数具有局部线性之美,作为函数局部变化率的导数,其意义是描写函数的局部线性形态;导数是研究函数性质的有力工具,通过函数的局部性质揭示其整体性质,体现了导数的深邃之美。积分具有宏观上的统一之美,微积分的基本定理将表面上看起来毫无关系的微分与积分之间建立起一座桥梁,将积分的问题转化为求导的逆运算,体现了包容统一之美。如果教师能在教学过程中有意识地向学生传递微积分的美学思想,那么无疑将增强学生对微积分的欣赏能力,从而促进学习效果。

学生关于微积分的信念与他们对函数极限概念理解之间也有关联。斯地力克(Szydlik)把如何获得数学真理的信念称为信服来源。信服来源进一步分为相信权威的外部信服来源和相信实证数据、直觉、逻辑等的内部信服来源。通过对 27 位大学生的问卷和访谈调查发现,信服来源和极限的理解之间存在相关性,与具有内部信服来源的学生相比,具有外部信服来源的学生给出更多不恰当和不连贯的极限定义,拥有更多诸如极限是边界或极限不可到达的错误概念,在解释极限计算上更为吃力。该研究从另一个侧面展示了情感因素对学生微积分学习的作用。

5. 教学案例

下面的教学案例选自 2006 年高中数学全国优质课比赛教案,是海南省的马丽雯老师"导数的概念"的教学设计。

一、教学目标

1. 知识与技能:

通过大量实例的分析,经历由平均变化率过渡到瞬时变化率的过程,了解导数概念的实际背景,知道瞬时变化率就是导数。

2. 过程与方法:

(1) 通过动手计算培养学生观察、分析、比较和归纳能力;

(2) 通过问题的探究体会逼近、类比、以已知探求未知、从特殊到一般的数学思想方法。

3. 情感、态度与价值观:

通过运动的观点体会导数的内涵,使学生掌握导数的概念不再困难,从而激发学生学习数学的兴趣。

二、重点、难点

重点:导数概念的形成,导数内涵的理解。

难点:在平均变化率的基础上去探求瞬时变化率,深刻理解导数的内涵,通过逼近的方法,引导学生观察来突破难点。

三、教学过程(具体如下页表)

点评:该教学设计对教学目标的制定清晰明确,对教学重点和难点的把握准确。整堂课的设计流畅,从平均速度、瞬时速度再到导数,依循具体到抽象的原则展现了导数概念的发展轨迹,且注意综合运用数值、符号和图象等形式表征导数概念。计算机等信息技术手段的使用合理,对学生理解导数的背景和思想有促进作用。

教学环节	教 学 内 容	师 生 互 动	设 计 思 路
创设情景引入新课	幻灯片 ▶ 回顾上节课留下的思考题： 在高台跳水运动中，运动员相对水面的高度 h（单位：m）与起跳后的时间 t（单位：s）存在函数关系 $h(t) = -4.9t^2 + 6.5t + 10$。计算运动员在 $0 \leq t \leq \frac{65}{49}$ 这段时间里的平均速度，并思考下面的问题： (1) 运动员在这段时间里是静止的吗？ (2) 你认为用平均速度描述运动员的运动状态有什么问题吗？	首先回顾上节课留下的思考题：在学生相互讨论、交流结果的基础上，提出：大家得到运动员在这段时间内的平均速度为"0"，但我们知道运动员在这段时间内并没有"静止"，为什么会产生这样的情况呢？	引起学生的好奇，意识到平均速度只能粗略地描述物体在某段时间内的运动状态，为了能更精确地刻画物体运动，我们有必要研究某个时刻的速度即瞬时速度，使学生带着问题走进课堂，激发学生求知欲。
初步探索展示内涵	根据学生的认知水平，概念的形成成分了两个层次： ▶ 结合上面的问题，明确瞬时速度的定义 问题一：请大家思考如何求运动员在 t=2 时刻的瞬时速度？ 问题二：请大家继续思考，当 Δt 取不同值时，尝试计算 $\bar{v} = \frac{h(2+\Delta t) - h(2)}{\Delta t}$ 的值？ 表一： 	Δt	$\bar{v}$
---	---
-0.1	
-0.01	
-0.001	
-0.0001	
-0.00001	
...	...	 表二： 	Δt	$\bar{v}$
---	---
0.1	
0.01	
0.001	
0.0001	
0.00001	
...	...		提出问题一，组织学生讨论，引导他们自然地想到选取一个具体时刻如 t=2，研究它附近的平均速度变化情况来寻找到问题的思路，使抽象问题具体化。 学生对概念的认知需要借助大量的直观数据，所以让学生利用计算器，分组完成问题二。	理解导数的内涵是本节课的教学重难点，通过层层设疑，把学生推向问题的中心，让学生动手操作，直观感受来突出重点，突破难点。 帮助学生体会从平均速度出发，"以已知探求未知"的数学思想方法，培养学生的动手操作能力。

（续表）

教学环节	教学内容	师生互动	设计思路
初步探索、展示内涵	问题三：当 Δt 趋于0时，平均速度有怎样的变化趋势？ 表格： Δt / $\bar{v}$：-0.1 / -12.61；-0.01 / -13.051；-0.001 / -13.0951；-0.0001 / -13.00995；-0.00001 / -13.099951；$\cdots$ / $\cdots$ Δt / $\bar{v}$：0.1 / -13.59；0.01 / -13.149；0.001 / -13.1049；0.0001 / -13.10049；0.00001 / -13.100049；$\cdots$ / $\cdots$	一方面分组讨论、上台板演、展示计算结果。同时口答：在 $t=2$ 时刻，Δt 趋于0时，即瞬时速度的值一13.1，即一次体会逼近思想；另一方面借助动画多媒体引导学生观察、比较、归纳，第二次体会逼近思想。为了表述方便，数学中用简洁的符号表示，即 $\lim\limits_{\Delta t\to 0}\dfrac{h(2+\Delta t)-h(2)}{\Delta t}=-13.1$。	数形结合，扫清了学生的思维障碍，更好地突破了教学的重难点，体验数学的简约美。
	问题四：运动员在某个时刻 t_0 的瞬时速度如何表示呢？	引导学生继续思考：运动员在某个时刻 t_0 的瞬时速度如何表示？学生意识到将 t_0 代替2，可类比得到 $\lim\limits_{\Delta t\to 0}\dfrac{h(t_0+\Delta t)-h(t_0)}{\Delta t}$	与旧教材相比，这里不提及极限概念，而是通过形象生动的逼近思想来定义 t_0 时刻的瞬时速度，更符合学生的认知规律，提高了他们的思维能力，体现了特殊到一般的思维方法。
	➤ 借助其他实例，抽象导数的概念 问题五：气球在体积 v_0 时的瞬时膨胀率如何表示呢？	类比之前学习的瞬时速度问题，引导学生得到瞬时膨胀率的表示 $\lim\limits_{\Delta v\to 0}\dfrac{r(v_0+\Delta v)-r(v_0)}{\Delta v}$	积极的师生互动能帮助学生看到知识点之间的联系，有助于知识的重组和迁移，即找出不同实际背景下的数学共性。寻找不同实际背景下问题变化率不同的实际意义。
	问题六：如果将这两个变化率问题中的函数用 $f(x)$ 来表示，那么 $f(x)$ 在 $x=x_0$ 处的瞬时变化率如何表示呢？	在前面两个问题的铺垫下，进一步提出：我们这里研究的函数 $f(x)$ 在 $x=x_0$ 处的瞬时变化率 $=\lim\limits_{\Delta x\to 0}\dfrac{f(x_0+\Delta x)-f(x_0)}{\Delta x}=\lim\limits_{\Delta x\to 0}\dfrac{\Delta y}{\Delta x}$ 即 $f(x)$ 在 $x=x_0$ 处的导数，记作 $f'(x_0)$（也可记为 $y'|_{x=x_0}$）。	引导学生舍弃具体问题的实际意义，抽象得到导数定义，由浅入深，由易到难，由特殊到一般，帮助学生完成了思维的飞跃；同时提及导数产生的时代背景，让学生感受数学文化的熏陶，感受数学来源于生活，又服务于生活。

(续表)

教学环节	教 学 内 容	师 生 互 动	设 计 思 路
循序渐进 延伸拓化知识	例1：将原油精炼为汽油、柴油、塑料等不同产品，需要对原油进行冷却和加热。如果在第 x h 时的原油温度（单位：℃）为 $f(x)=x^2-7x+15$（$0 \le x \le 8$）。 （1）计算第2h和第6h时，原油温度的瞬时变化率，并说明它的意义。 （2）计算第3h和第5h时，原油温度的瞬时变化率，并说明它的意义。 步骤： ① 启发学生根据导数定义，再分别求出 $f'(2)$ 和 $f'(6)$。 ② 既然我们得到了第2h和第6h的原油温度的瞬时变化率分别为 -3 与 5，大家能说明它的含义吗？ ③ 大家是否能用同样方法来解决问题二？ ④ 师生共同归纳得到，导数即瞬时变化率，可反映物体变化的快慢。 变式练习：已知一个物体运动的位移（m）与时间 t（s）满足关系 $s(t)=2t^2+5t$ （1）求物体在第5秒和第6秒的瞬时速度； （2）求物体在 t 时刻的瞬时速度； （3）求物体 t 时刻运动的加速度，并判断物体作什么运动？	步步设问，引导学生深入探究导数的内涵。 学生独立完成，上台演算，第三次体会逼近思想。	发展学生的应用意识，是提高数学课程标准所倡导的重要理念之一。在教学中以具体问题为载体，加深学生对导数内涵的理解，体验数学在实际生活中的应用。 目的是让学生学会用数学的眼光去看待物理事物，建立各学科之间的联系，更深刻地把握物理模型变化的规律。
归纳总结、内化知识	1. 瞬时速度的概念 2. 导数的概念 3. 思想方法："以已知探求未知"，逼近、类比，从特殊到一般	引导学生进行讨论、相互补充后进行回答，老师评析，并用幻灯片给出。	让学生自己小结，不仅仅总结知识，更重要地是总结数学思想方法。这是一个重组知识的过程，是一个高层次自我认识过程，这样可帮助学生自行构建知识体系，理清知识脉络，养成良好的学习习惯。
作业安排、板书设计	（必做）第10页习题A组第2,3,4题 （选做）总第11页习题B组第1题 （略）	作业是学生信息的反馈，同时注重个体差异，因材施教。 板书设计清楚整洁，便于突出知识目标。	

学与教的分积漆·第八章

159

参考文献

［1］ 蔡金法.中美学生数学学习的系列实证研究［M］.北京：教育科学出版社,2007.

［2］ 弗赖登塔尔.作为教育任务的数学［M］.上海：上海教育出版社,1995.

［3］ 李俊.中小学概率教与学［M］.上海：华东师范大学出版社,2003.

［4］ 李士锜.PME：数学教育心理［M］.上海：华东师范大学出版社,2001.

［5］ 美国国家研究委员会.人人关心数学教育的未来［M］.北京：世界图书出版公司,1993.

［6］ 皮亚杰.儿童心理学［M］.北京：商务印书馆,1981.

［7］ 皮亚杰.发生认识论原理［M］.北京：商务印书馆,1986.

［8］ 张奠宙,张广祥.中学代数研究［M］.北京：高等教育出版社,2006.

［9］ 张奠宙.中学数学双基教学［M］.上海：上海教育出版社,2006.

［10］ Artigue, M., Batanero, C. & Kent, P. (2007). Mathematics thinking and learning at post-secondary level. In Lester, F. (Ed.), *Second Handbook of Research on Mathematics Teaching and Learning*. Greenwich, CT: Information Age Publishing.

［11］ Ausubel, D. P. (1968). *Educational Psychology：A Cognitive View*. New York：Holt, Rinehart and Winston.

［12］ Biggs, J. B. & Collis, K. F. (1982). *Evaluating the quality of learning：The SOLO taxonomy (Structure of the Observed Learning Outcome)*. New York：Academic.

［13］ Clements, D. & Battista, M. (1992). Geometry and spatial reasoning. In D. Grouws (Ed.), *Handbook of Reasearch on Mathematics and Learning*. Macmillan Publishing Company.

［14］ Davis, R. (1984). *Learning Mathematics：The Cognitive Science Approach to Mathematics Education*. New Jersey：Ablex Publishing CP.

［15］ Dubinsky, E. & McDonald, M. (2001). APOS：A Constructivist Theory of Learning in Undergrad Mathematics Education Research. In D. Holton et al. (Eds.), *The Teaching and Learning of Mathematics at University Level: An ICMI Study.* The Netherlands: Kluwer Academic Publishers.

[16] Erlwanger, S. H. (1973). Benny's conception of rules and answers in IPI mathematics. Journal *of Children's Mathematical Behaviar*, 1(2).

[17] Fennema, E. et al (1990). Teachers' attribution and beliefs about girls, boys and mathematics. *Educational Studies in Mathematics*, 21(1).

[18] Harel, G. & Sowder, L. (1998). Students' Proff Schemes. In A. Schoenfeld et al (Eds.), *Research in Collegiate Mathematics Education III.* Washington, DC: American Mathematical Society.

[19] Hembree, R. (1990). The nature, effects and relief of mathematics anxiety. *Journal for Research in Mathematics Education*, 21(1).

[20] Herscovics & Linchevski. (1994). A cognitive gap between arithmetic and algebra. *Educational Studies in Mathematic*, 27(1).

[21] Hiebert, J. & Carpenter, T. (1992). Learning and teaching with understanding. In D. Grouws (Ed.), *Handbook of Research on Mathematics Teaching and Learning.* New York, Macmillan Publishing Co.

[22] Kieran, C. (2007). Learning and teaching algebra at the middle school through college levels. In Lester, F. (Ed.), *Second Handbook of Research on Mathematics Teaching and Learning.* Greenwich, CT: Information Age Publishing.

[23] Leder, G. (1980). Bright girls, mathematics and fear of success. *Educational Studies in Mathematics*, 11(4).

[24] McLeod, D. B. (1988). Affective issues in mathematics problem-solving: some theoretical considerations. *Journal for Research in Mathematics Education*, 19(2).

[25] Pirie, S. & Kieren, T. (1994). Growth in mathematical understanding: How can we characterize it and how can we represent it? *Educational Studies in Mathematics*, 26(3).

[26] Reyes, L. (1984). Affective variables and mathematics education. *Elementary School Journal*, 84(5).

[27] Schoenfeld, A. (1985). *Mathematics Problem Solving.* Orlando, FL: Academic Press.

[28] Sfard, A. (1991). On the dual nature of mathematical conceptions: reflections on process and objects as different sides of the same coin. *Educational Studies in Mathematics*, 22(1).

[29] Skemp, R. (1971). *The Psychology of Learning Mathematics.* London:

参考文献

Penguin Books.

[30] Silver, E. (1985). Research on teaching mathematics problem solving: Some underrepresented themes and needed direction, In E. Silver (Ed.), *Teaching and Learning Mathematical Problem-solving: Multiple Research Perspectives*, Hillsdale, NJ: Lawrence Erlbaum.

[31] Tall, D. (1991). *Advanced Mathematical Thinking*, Kluwer Academic Publishers.

[32] Usiskin, Z. (1988). Conceptions of school algebra and uses of variable. In A. F. Coxford & A. P. Shulte (Eds.) *The Ideas of Algebra, K — 12 (Yearbook of the National Council of Teachers of Mathematics)*. Reston, VA: National Council of Teachers of Mathematies.

[33] Vinner, S. & Hershkowitz. R. (1980). *Concept images and common cognitive paths in the development of some simple geometrical concepts.* Proceedings of the 4th International Conference for the Psychology of Mathematics Education.

[34] Watson, J. M. & Moritz, J. B. (2000). Developing concepts of sampling. *Journal for Research in Mathematics Education*, 31(1).

[35] Wertheimer, M. (1959). *Productive Thinking*. Happer & Brothers Pubisher.

数学教学心理学

后　记

　　这本《数学教学心理学》是为师范大学的本科生编写的。十年前,本人曾编著了《PME:数学教育心理》一书。它汇集了当时国内外数学教育心理学领域的众多颇有价值的研究成果,加以系统地梳理、提炼和总结,主要目的是为了促进国内数学教育界对学生学习的科学研究,也为学术型研究生和教育硕士专业学位研究生的学习、研究及学位论文写作提供基础性的视角、资料和观点。在其长期的使用过程中,我们逐步积累了不少经验,也作了反思和分析,启发我们在这个领域继续开展开发和普及工作。

　　国家公费师范生进入师范大学学习,对数学教师教育提出了更新、更高的要求。我们在华东师范大学"985工程"的支持之下,编写了本书,希望能为更多未来的数学教师的成长进步提供坚实的铺路砖,培养好他们的教学基本功。所以,我们一方面选择了数学教育心理学理论中比较成熟的一些专题理论,汇编成本书的第一部分:理论篇;另一方面,针对中学数学课堂教学的实际需要,我们又开发了数学教师理解学生学习所必需的,结合代数、几何、概率统计和微积分等中学数学专题的学习心理学应用知识,成为本书的第二部分:实践篇。

　　本书的理论篇,主要参阅了《PME:数学教育心理》中的内容和观点。实践篇的编写者,第五章是赵锐、梁竹、王会明,第六章是王会明,第七章是梁竹,第八章是吴颖康。全书的统稿和校对工作,由吴颖康和我完成。在此,要衷心感谢责任编辑吴海红和审稿专家们,感谢他们忘我的审查、建议、督促和帮助。他们精心的投入,为本书增色不少。

　　我们的努力能否收到良好的效果,需要在实践中检验。一如既往,我们在此诚恳地希望使用本书的师范院校的教师和学生们,以及其他读者朋友们,能够向我们反馈宝贵的意见和建议。

李士锜

于华东师范大学

2011 年 11 月 10 日